《法華經》之思想內涵

胡順萍　著

《法華經》之思想內涵

目 次

《法華經》之思想內涵

壹、《法華經》之特殊處

一、《法華經》終論「唯一佛乘」

《法華經》之特殊處,不在教義名相上,而在總論「佛」唯宣揚「一佛乘」,據隋・智顗《法華玄義》卷 10 上「釋教相」中論「大意」有云:

> 大意者,佛於無名相中,假名相說。說餘經典,各赴緣取益。
>
> 至如《華嚴》,初逗圓別之機,高山先照。直明次第不次第。修行住上地上之功德,不辨如來說頓之意。
>
> 若說四《阿含》,《增一》明人天因果,《中》明真寂深義,《雜》明初禪定,《長》破外道,而通說無常,知苦斷集,證滅修道,不明如來曲巧施小之意。
>
> 若諸方等,折小彈偏,歎大褒圓,慈悲行願,事理殊絕,不明並對訶讚之意。
>
> 若《般若》,論通則三人同入,論別則菩薩獨進。廣歷陰入,

盡淨虛融，亦不明共別之意。

若《涅槃》在後，略斥三修，粗點五味，亦不委說如來置教原始結要之終。

凡此諸經皆是逗會他意，令他得益，不譚（談）佛意意趣何之？今經不爾，絓是法門網目、大小觀法、十力無畏、種種規矩，皆所不論，為前經已說故。但論如來布教之元始，中間取與、漸頓適時，大事因緣、究竟終訖。說教之綱格，大化之筌罝。[1]

佛門所謂「教相」，其中之「教」當指佛一切之言教，依「相」而言則必有不同之差異，故言：「教相，謂分別教義也。如：天台之五時八教。」[2]就「教相」而言，因應佛所處之時、地、對象不同，故其「教相」內容亦必有異，以是而知「判教」之指涉對象當為「教相」。然「佛」之「正覺境界」本為不可說，實亦無所謂之「名相」可敷陳，唯佛為化度眾生，當必有所說，故曰：「佛於無名相中假名相說」，此即相應於一切經典之開敷，亦是天台宗判教之《華嚴》、《阿含》、方等、《般若》與《涅槃》之說，如是之名相，皆是「假名相」，依「佛」之證悟則本「無名相」可論。

天台宗判《華嚴》為：「不辨如來說頓之意」，其意在《華嚴》是：「高山先照」，是為第一時，所攝為大菩薩，不能容攝小，如來言「頓」之本意，並非僅為攝「頓根」者說，實為引漸修者當

[1] 大正 33．800 上-中。本文所引之「大正」，係指《大正新修大藏經》，依次注明者為「冊、頁、欄」，以下所引皆同此。（台北：新文豐出版公司，1996 年）。

[2] 丁福保編《佛學大辭典》，頁 2025，「教相」條，（台北：天華出版公司，1986 年）。

能入「頓」門，此即智顗評《華嚴》為：「其宿殖淳厚者，初即頓與直明菩薩位行功德，言不涉小。文云：『始見我身，聞我所說，即皆信受，入如來慧。』」[3]此乃言利根者，見佛身、聞佛說，即能當下契入。

　　智顗判四《阿含經》為第二「鹿苑時」，內容以無常、苦、無我為主，以「證滅修道」為目的，此為如來開權為無法直入「頓」門者說，並非僅以「證滅」為究竟，故評其為：「不明如來曲巧施小之意。」此亦是智顗所言：「其不堪者，隱其無量神德，以貧所樂法，方便附近，語令勤作。文云：『我若讚佛乘，眾生沒在苦。』如此之人應以此法漸入佛慧。」[4]《法華經》是為令眾生能開示悟入佛之知見，是為得證「阿耨多羅三藐三菩提」，此為佛之本懷，然《法華經》除讚「佛乘」外，亦能憐憫由於眾生長期沒在「苦」中。人之苦，簡言之，約來自三大方向：一為大自然嚴寒、酷暑、暴風、地震等天災，二為來自於人身之衰老、病痛之苦，三為人與人爭鬥、計較、嫉妒、猜疑之苦，此三大類之苦，於凡夫眾生而言，是切身實際感受深刻之苦，故於凡夫眾生而言，所謂入佛知見，所謂證入「無上正等正覺」，於苦惱無邊之眾生而言，則過於遙不可及；於凡夫而言，如何當下能解脫苦惱而入於清淨之地，才是最踏實的。以是佛為眾生開演《華嚴》，眾生是如聾（不能解其義）、如啞（不能讚一辭），於是智顗判四《阿含》正是為「不堪」《華嚴》之頓法而立，然依《法華經》之立場，四《阿含》尚未盡引證佛境之責，故為不圓。

　　智顗判第三為「方等時」，所論為大乘經，大乘經典其目的正

---

[3]　大正 33・800 中。
[4]　大正 33・800 中。

是「折小彈偏、歎大褒圓」，然既言是「大乘」，則仍有未盡納小之偏；而所謂「折小」、「歎大」，此爲相對之意，而並非僅在排斥「小」而褒讚「大」而已，故言「不明並對訶讚之意」，亦如智顗所言：「既得道已，宜須彈斥，即如方等，以大破小。文云：『苦切責之已，示以所繫珠。』」[5]此正說明佛開演第三方等時，實亦是在「開權顯實」，前之三時皆是「權」而已，而佛之「折彈」或「歎褒」皆是佛之「苦切責之」，其終盡之意在引眾生明自身本具之「明珠」（自性）！

　　智顗判第四爲「般若時」，「般若」爲妙智慧，此般若智之所以稱之爲「妙」，再於不同以往於法義之認識與了解，此般若妙智在於能將「執相」去除。前之三時，皆爲法義之開敷，不論是頓、是小或是大皆隸屬爲「法義」，有法義即有侷限之範圍，皆是「執著」，而般若妙智之作用即在去我、法二執，以去執而言，則可通三乘，故曰「論通則三人同入」；然般若智之應用，需上根者始能確然悟之、行之，故曰「論別則菩薩獨進」，於此基點而論「般若」，則般若之所攝對象亦有所限。如智顗所言：「若宜兼通，半滿洮（淘）汰，如《大品》遣蕩相著，會其宗途。文云：『將導眾人欲過嶮道。』」[6]佛之說「般若」，是爲引眾人去執而已，因「執著」則無法融通圓滿，故以「執著」爲「嶮道」，唯能經此險道，在般若妙用下而「淘汰」，而「遣蕩相著」，才能再進而臻而佛境。

　　智顗判第五爲「法華涅槃時」，其中《涅槃》爲後，然《涅槃經》所論是以「常、樂、我、淨」爲主，是於個人生命圓滿結束之追求，故智顗評其爲：「亦不委說如來置教原始結要之終」。從

---

[5]　大正 33・800 中。
[6]　大正 33・800 中。

《華嚴》、《阿含》、方等、《般若》、《涅槃》，皆各有所說，內涵包括各種觀法、規矩等。唯《法華》不同於上之諸經，前之一切有所說，至《法華》則不再說，但論「如來布教之元始」，此即如智顗所言：「過此難已，定之以子父，付之以家業，拂之以權迹，顯之以實本。當知此經唯論如來設教大綱，不委微細綱目。」[7]總言，於天台智顗所判，唯《法華經》才是真正暢論佛以一大事因緣而出現於世：此一大事因緣即是生死大事，佛為使眾生解脫生死之大事而出現於世；此一大事因緣亦是佛為引眾生入佛之知見之大事而出現於世；此一大事因緣亦是佛為開敷一切法義皆為開權顯實而出現於世。天台宗如是尊崇、稱讚《法華經》，其因正在《法華》唯論如來教化之綱格：如來只言「一乘佛法之實」。

二、《法華經》依「本願」而論「成正覺」

《法華經》於三藏中是殊妙的，言其「殊妙」實有二因：一為此經甚易覽閱，沒有繁瑣之理論，亦無名相之敷陳演繹，經中唯以多面之譬說為主，恍若故事呈現，譬喻在全經佔有甚重之份量，言譬之量雖謂不少，但主旨確甚明白；若僅以「譬說」而視本經，則佛經中尚有甚多如是之經典，卻唯此經特受尊崇且凌駕於諸經之上，足見本經除譬說外，當另有深義。二為此經在天台宗之判教與立為依據之經典後，以解說《法華經》之論述則以智顗之《法華玄義》、《法華文句》為代表，然智顗之著作功力，則充分展現在「敷陳」上，故曾被評其為：「理論的煩瑣：《法華玄

---

[7]　大正 33・800 中。

義》講個妙字就講了九十天，佔了全書的大部分卷數，一共講了三十種妙。」[8]「理論煩（繁）瑣」之另一面，實亦在展現智顗之論證智慧，而《法華經》亦終在天台大師們之努力傳揚下，使法華妙義：但論「佛之本懷」之意旨彰顯，使《法華經》不同一般之譬喻經典而已，且受後世甚多之讚譽。

今《大正新修大藏經》所收錄之《法華經》前附有兩個〈序〉，一爲〈御製大乘妙法蓮華經·序〉，題爲「永樂十八年」（永樂爲明成祖年號）；一爲〈妙法蓮華經弘傳·序〉，題爲「唐·終南山·釋道宣述」。卷末附一〈後序〉，名爲〈妙法蓮華經·後序〉，題爲「後秦沙門僧叡述」。今僅就此三個〈序〉文，列其對《法華經》之讚譽約可總結爲如下數點：

1.《法華經》爲諸佛如來秘密之藏：

依永樂〈序〉，以《法華經》爲「大乘真經，名無量義。」又云：「是經乃諸佛如來秘密之藏，神妙叵測，廣大難名。」[9]又如僧叡〈後序〉云：「《法華經》者，諸佛之秘藏，眾經之實體。」[10]佛之一生行遊教化，無非是爲引眾生入佛之知見，此爲佛之本懷，故依佛之「教化」而言，則本無「秘密之藏」；然亦如宋·普濟《五燈會元》卷 1 所載：「（佛）四十九年住世，未曾說一字。」[11]故四十九年之教化開敷，可謂有言教，此即是今存之三藏十二部；然「實並未言一字」，此即是如來之「秘密之藏」，此即是「無字

---

[8] 韋政通《中國思想史》，頁 800-801，（台北：水牛出版社，2001 年）。

[9] 大正 9·1 上。

[10] 大正 9·62 中。

[11] 卍續 138·4a。本文所引之「卍續」，係指《卍續藏經》，依次注明者爲「冊、頁、欄」，以下所引皆同此。（台北：中國佛教會影印《卍續藏經》委員會，1967 年）。

真經」。如來之言教本無秘密之藏，此爲「顯」言教之無量義；然又爲何是「實無一字」，此乃佛之本懷在明一切眾生皆與佛同證無上正等正覺，佛與眾生皆平等，眾生亦本具如來秘密之藏，是以依「平等」而言，實無佛度化眾生，亦無眾生在聽聞佛之無量法義，故依眾生自性終自悟而言，則佛確實「未曾言一字」。所謂「秘密之藏」，即是：「秘密之法藏，甚深秘奧，唯佛與佛乃能知之，非一般所可了知之法門；復以如來善護念深法，苟非其器，則秘而不說，故稱秘密。故秘密藏乃諸經爲顯其甚深秘義之通名。」[12] 足見，所謂「秘密」並非是神秘，而是「甚深」，《法華經》之開敷，是佛爲凡夫、四眾弟子、聲聞、菩薩眾等說，是爲引一切眾生，不論根器深淺，皆能憶往「本願」，皆本得證阿耨多羅三藐三菩提，此甚深秘密，確爲「佛與佛乃能知之」，因一切眾生皆本是佛。於《法華經》而言，所言已非在法義之甚深上，此與諸經之不同處，故言《法華》爲「秘密之藏」，唯在「本願得證佛果」上，如是之憶念往昔本願，本無秘密，於一切眾生而言，實可言是「豁然開朗」，於往昔之本願如現眼前。

2. 《法華經》爲諸佛降靈之本致：

據永樂〈序〉云：「嗚呼！如來愍諸眾生，有種種性、種種欲、種種行、種種憶想分別，歷劫纏繞無有出期。乃爲此大事因緣現世，敷暢妙旨，作殊勝方便，俾皆得度脫，超登正覺，此誠濟海之津梁，而燭幽之慧炬也。」[13]道宣之〈序〉云：「《妙法蓮華經》者，統諸佛降靈之本致也。夫以靈嶽降靈，非大聖無由開化。適

---

[12] 《佛光大辭典》中冊，頁4267，「秘密藏」條，（高雄：佛光出版社，1989年）。

[13] 大正9‧1上。

化所及，非昔緣無以導心。……所以放光現瑞，開發請之教源，出定揚德，暢佛慧之宏略。」[14]佛之降世必有其緣、其事，眾生依於各自不同之性、行與憶想分別而輪迴生死，無有出期，此爲眾生之苦；而佛之降世，正爲解眾生之生死大事，此爲佛之慈憫。《法華經》之妙旨在使一切眾生皆能「超登正覺」，如是殊勝妙旨之敷暢，當非一般天神、聲聞、菩薩所可爲之，唯諸佛始可宣之、明之。以《法華經》爲「諸佛降靈之本致」，實是讚譽《法華經》唯佛能宣說之，唯佛能化導之。

3. 《法華經》爲眾生成正覺之寶筏：

據永樂〈序〉云：「緣法以悟道，方識是經之旨，清淨微妙，第一希有。遵之者則身臻康泰，諸種善根，圓滿具足，如蓮華出水不染淤泥，即得五蘊皆空，六根清淨。遄躋上善，以成於正覺者不難矣！」[15]又道宣之〈序〉云：「繫珠明理性之常在，鑿井顯示悟之多方。詞義宛然，喻陳惟遠。自非大哀曠濟，拔滯溺沈流。一極悲心，拯昏迷之失性。自漢至唐六百餘載，總歷群籍四千餘軸，受持盛者，無出此經。」[16]又僧叡〈後序〉云：「故道者以之而歸，大無不該。故乘者以之而濟，然其大略，皆以適化爲大；應務之門，不得不以善權爲用，權之爲化，悟物雖弘，於實體不足，皆屬《法華》，固其宜矣！尋其幽旨，恢廓宏邃，所該甚遠，豈徒說實歸本畢定殊塗而已耶！乃實大明覺理，囊括古今。」[17]依佛之降世，當以開演「成正覺之道」爲其本懷，然誠如判教論分

---

[14] 大正 9・1 中-下。
[15] 大正 9・1 中。
[16] 大正 9・1 下。
[17] 大正 9・62 中。

別法義之淺深，則諸經當各有其所攝化之範圍，此即爲「適化」
當以「善權爲用」，然「權」法於攝化上「悟物雖弘」，但其缺點
正是「實體不足」，此正爲說明「權」若只能爲「權」，則諸經於
佛果之證悟上則爲不「圓」，此即如僧叡所言：「至如《般若》諸
經，深無不極。」[18]諸經之妙義甚深，但若不能究之實法，則「不
極」是爲憾事矣！《法華經》之殊妙，實爲「拯昏迷之失性」（此
爲諸經之缺失），而入於「明理性之常在」（此爲《法華經》之上
善處）。法華之妙義以「蓮華出水不染淤泥」爲喻，正說明一切眾
生（處淤泥中、爲權），但終可得證正覺（蓮華出水、爲實）；眾
生或惑於當世是否可得證正覺，此乃因眾生受五蘊之苦所致，而
《法華經》正可解一切眾生之疑，因所謂「實大明覺理」，是「**囊**
括古今」的，一切眾生依「實」而言，從本願至今世以至未來生
生世世，終可「成於正覺者」。

三、天台宗判《法華經》為圓教

　　《法華經》是大台宗判教中之「圓教」，依據《佛光大辭典》
所論：「在我國，將諸經典內容體系化，以作教相判釋，而稱究竟
圓滿之教爲圓教。」[19]顯然，所謂「圓教」之判，其所依據者是
「經典」，且必需將各經「內容體系化」之後，並進一步比較分析
不同經典之「教相判釋」，而能被稱之爲「圓教」者，其教義內容
必當是：「究竟圓滿」。對「圓教」之爭，可謂是佛學發展至成熟
期之產物，是佛經已被普遍地接納與研究，且兼之依據不同經典

---

[18] 大正 9・62 中。
[19] 《佛光大辭典》下冊，頁 5406，「圓教」條，（高雄：佛光出版社，1989 年）。

而立宗成派後，才能有此現象之產生。其中，雖有天台宗與華嚴宗於「圓教」所判之「經典」歧異外，但對於所謂「圓」，且對「圓」之追求，則不可不謂是中國人之特性。中國人以「中」自居，據《說文解字》：「中，內也。」[20]「內」即納，能廣博包容上下四方，無所不包、無所不納，即是「中」之本義。中國人追求中庸之道，而中庸並非是「折衷」，「中」即是圓滿、圓融。據唐·湛然《止觀輔行傳弘決》卷1之5所載：

> 大小至實，約教以判。通別是小中大；圓是大中大。三教果頭是偏中圓；圓教果頭是圓中圓。通別是半中滿；圓是滿中滿。別教教權理實，是權中實；圓教教理俱實，是實中實。別教妙覺是漸中頓，圓教初後是頓中頓。藏通真俗若望後教，名俗中真；別教破俗亦俗中真；圓教即俗名真中真。藏通義權是不了義；別帶教道而詮於中，是不了中了；圓教望別名了中了。別約證道，名麁中妙；圓教方名妙中之妙。偏理名思議中不思議；圓理名不思議中不思議。[21]

湛然於「圓教」之述可總歸納爲：
依大小言，是「大中大」。
依偏圓言，是「圓中圓」。
依圓滿言，是「滿中滿」。

---

[20] 東漢·許慎撰，清·段玉裁注《說文解字注》，頁20，（台北：漢京文化公司，1980年）。
[21] 大正46·177上。

依權實言，是「實中實」。

依頓漸言，是「頓中頓」。

依真俗言，是「真中真」。

依了義言，是「了中了」。

依思議言，是「不思議中不思議」。

若依一切「經藏」皆由佛所開示而論，釋尊在憫眾度人之過程中，「法義」之產生，是應時、地、人、事、因緣等而不同，故在總體敷展佛一代之時教時，必有教理、教義、教相之不同差別，兼之權實、頓漸、真俗、了義否、思義否等之差異，亦皆是相比較而出。然於「佛」而言，一切當是最究竟圓滿、圓融無礙的，以是若謂「圓教」之爭，是各宗為「己」之事，不如言：追求「圓」，是對「佛」最究極之嚮往。而一切經典容有法義之不同，但如何斥小入大，彈偏向圓，由權往實，捨漸得頓，迴俗向真等，則是各宗於「成佛」工夫上皆為一致的，簡言之，修學佛法，無非是向究極之圓的方向目標而行。

有關「圓教」之總論，引據《佛學大辭典》所述：

> 以名大乘窮極之實教。後魏光統律師立三教，第三為圓教。圓教之名，自此始。其後由晉華嚴經五十五：「爾時如來，知眾生應受化者，而為演說圓滿因緣修多羅。」又：「顯現自在力，演說圓滿經。」之經文而立名。
>
> 今依台宗之說釋之。先就圓體言之，則為圓融圓滿之二義。十界三千之諸法，一如一體，謂為圓融。十界三千之諸法，條然具足，謂為圓滿，亦曰圓足。圓融為空諦，圓滿為俗

諦,此二相即不二為中諦,觀此三諦於一時,謂為圓。[22]

以「圓教」是「實教」,正肯定於佛法義而言,唯能究極「諸法實相」才是「圓教」,故一切法若落為二分,則非「圓教」;依「實」而言,則並非有一實物可執,此亦落為二分,「實」即不執,「實」亦可謂是「即」,如:「煩惱即菩提」,「生死即涅槃」,凡夫厭惱生死,欣菩提涅槃,然若無煩惱,則菩提亦無存在處;若無生死,則涅槃亦失去其價值。「圓」可分為「圓滿」與「圓融」,能「圓滿」,則代表「法」是豐富多樣化的,故以「滿」表徵「諸法條然具足」,在「圓教之圓滿」中,但見法界森羅萬象,多采多姿,遍佈洋溢;「滿」既是表徵「法」之存在,故以喻為:「俗諦」,此即佛之開示法義,當是有所說,「法」既有所說,有所說即有所限、有所盡,則當為「俗」而非真。以「圓滿」來展現法界無量,各遍佈於三千大千世界,此中可見「滿」,但未至相融境界,故為不圓。依「圓教」之論,以「圓滿」為俗諦,則當再進一層,以表三千大千法界皆相融為一,此即呈現「圓融」義,圓融之義,已非屬於法之呈現,而是「一如一體」,一即代表一切;依「圓融」義,則是無所說,故為「空諦」。上之「圓滿」與「圓融」亦是二分,則亦非是「圓」,唯臻至:「此二相即不二為中諦」時,此即表明一落二分(圓滿或圓融)(俗諦或空諦)皆非「圓」,當「觀三諦為一時」具存,始謂之為「圓」,足見「圓教」之(圓),是圓滿具足一切法,且圓融為一體無疑,才是「圓教」義。另牟先生亦有一論說如下:

---

[22] 丁福保編《佛學大辭典》,頁 2335,「圓教」條,(台北:天華出版公司,1987年)。

其實所說就是一切法。就佛法界而言，若要成佛，便要即九法界而成佛，不能離開六道眾生、聲聞、緣覺、菩薩而成佛。照平常的說法，佛可以化身為地獄、餓鬼，但他不是地獄、餓鬼。地獄、餓鬼只是他的化身。他不單可以化身為觀音菩薩，還可以化身為大象、獅子、天龍八部、童男童女。但這樣的說法並不是圓教。化身是顯神通，佛需要神通時才顯，不需要時就不顯；這不是圓教，而是權教。照圓教的說法，九法界中沒有任何一個法界可以去掉，成佛非就這裡成不可。這樣豈不是能保住地獄等法界的存在，而使之有必然性嗎？若是化身，則沒有必然性，要顯就顯，不顯就不存在了。圓教所代表的，是上帝那個層次，這裡就是絕對。在此，法的存在之必然性整個給保住了。[23]

就佛法義之究極而言在於「不二」，[24]「不二」即是超越相對之兩邊，且佛法又不言是「唯一」之法，因言「一」，恐又落為執「一」，故以「不二」可破「執一」與「落兩邊」。依「圓教」而言，「不二」亦可謂是「圓」：「成佛」為修證之目的，然「成佛」時，一旦界分「佛」與「九界」，此即為「二」，則此「成佛」即為不圓滿、不圓融，因無法盡其他之九界。依「圓教」之「成佛」而論，「成佛」當要「即九法界而成佛」，此乃以「全體」為「圓」，

---

[23] 牟宗三《牟宗三先生全集 29．中國哲學十九講》，頁 283-284，（台北：聯經出版公司，2003 年）。

[24] 《佛光大辭典》上冊，頁 960，「不二」條云：「不二，又作無二、離兩邊。指對一切現象應無分別，或超越各種區別。又為真如、法性之別名。」（高雄：佛光出版社，1989 年）。

以「周遍」為「圓」，以「絕對」為「圓」，以「法」之「必然性」存在為「圓」，故「圓教之成佛」，一旦捨離任何一法界，則圓滿即落空，圓滿一落空，圓融即不可能，既不滿又無法相融為一，則當無所謂「圓教」之層次。依天台宗之思緒，「即九法界而成佛」，此是立基於「佛」之境界，佛具法身、化身、報身，此三身於佛而言，是一非三，若單言佛之某一化身，或為顯神通，或為化度某一類眾生而然，此皆為暫時之權法，非是圓教義。惟「佛」是清淨法身佛、是千百億化身佛、是圓滿報身佛，而「佛」又當如何「即」其他「九法界」而「成」之呢？「佛」與「地獄」界本有境界之不同，佛如何「即」之與「成」之呢？再依牟先生之論：

> 我們平常認為地獄、餓鬼、畜生是很苦的，那有幸福呢？但圓佛是即地獄、餓鬼、畜生而為佛，在地獄、餓鬼、畜生這裡就是德，同時也就是福。佛不是地獄，地獄裡沒有福，但是當他即地獄這個法界而成佛時，就佛的立場看，地獄就是他的德（佛教稱為「功德」），同時也就是他的福，因為他的功德是即地獄而為功德。[25]

十法界中之「地獄、餓鬼、畜生」，又稱「三塗苦」，此乃就當是之法界眾生而言「苦」，依佛而言，三塗不苦，就佛之「圓」成而言，「佛」與「九法界」之關係是「即」，亦可謂是「不二」義，因九法界皆是成就「圓佛」之「德」與「福」，故當「圓佛」是即地獄而成佛時，則佛之功德是「即地獄而為功德」，如是一來，

---

[25] 牟宗三《牟宗三先生全集29‧中國哲學十九講》，頁385，（台北：聯經出版公司，2003年）。

則「成佛」時，九法界之「法」才能有存在之必然性。據宋·道原《景德傳燈錄》卷 4〈元珪禪師傳〉中，曾論佛有「三能」與「三不能」：

> 佛能空一切相成萬法智，而不能即滅定業；佛能知群性窮億劫事，而不能化導無緣；佛能度無量有情，而不能盡眾生界。[26]

「佛」之「三不能」簡略言之即：眾生之定業不可轉、不能化導無緣眾生、不能窮盡一切眾生界。此「佛之三不能」，所論在「佛」度化「有情眾生」上，而其中關鍵又特在「眾生」。眾生一旦已造成之事實（業），佛亦無法、無力改變，此為佛教之「因果不昧」義。佛以其威神力而欲普度法界一切眾生，然眾生是否能得度，則在眾生是否有「心」，有心即有緣，若眾生無願力自我化度，佛亦無有著力處，此即所謂「眾生自性自度」義，佛有願心化度無量有情眾生，但亦無法窮盡一切眾生界，此亦所謂「眾生度不盡」，若眾生已度盡，則亦不需有「佛」之出現於世。此「佛三不能」所顯現之「佛力」，顯然是有限的、有盡的，依此而論「佛」，則佛並非是「全能」，而僅能說是「大能」。「佛」是依「人」而得證入的，故所成之佛當是「人佛」。依「人佛」而論，既是「人」，則必有「人」之所限，而「佛」無非代表著「人性」之完美，故「佛」亦可謂是「精神導師」、「心靈導師」。「人佛」是現存當世間者，是活在人之心目中的，並非是涅槃或成道後才稱為「佛」。

---

[26] 大正51·233下。

釋尊以王子身分出生於印度，歷經人世之種種歷程，由生至老、病、死，無非在曉示世人，「佛」由人成，「成佛」是當世可證入的，既在當世間，則必受囿於三界，然「成佛」之所限，僅在於「色身」爲有限，佛之精神、願力則是無所限、無窮盡，故天台宗言成佛當「即九法界而成佛」，此境界當在「理」上言，此亦如牟先生所言：「圓教所代表的，是上帝那個層次，這裡就是絕對的。」「上帝」是絕對真理之代表，既是「絕對」，則表示並無另一相對之理存在，故當圓佛是「即地獄而成佛」時，則地獄法之存在亦必然入之於「佛境」中，如是始可謂之爲「圓」，否則，若有一相對之法，則不可曰是「絕對」。「圓」是一整體性，「圓」是一絕對性，「圓」是不可分析，「圓」是圓滿、圓融而不缺漏的。佛教各宗對「圓教」之爭，顯然不是在「佛」之「能」與「不能」上，此爲「人佛」義；爭「圓教」，是在「絕對之理」上爭，兩者若能釐清；則「佛門」之「佛」確爲一涵融萬有，且可往來自由任何法界而度化一切眾生，如是於「佛」境之追求上，當更具崇高與神聖。

　　於佛經眾經論中，《法華經》特爲殊妙，於法義而言無法相比於眾經論，但本經卻如是受天台宗師們讚譽，實乃天台宗師們之智慧洞見，如牟宗三先生所言「《法華經》之性格」時有云：「開權顯實，開迹顯本，是《法華》之綱骨。以此比決，《華嚴》三意未周，一不攝小機，二不開權，三不發迹，不能謂爲真圓教明矣！」[27]此乃基於「圓教」之立場，其所攝必圓滿周全而不缺漏，故判《法華經》能會三乘歸一乘，始可謂之爲「圓」，以顯《法華經》

---

[27] 牟宗三《牟宗三先生全集4‧佛性與般若（下）》，頁587，（台北：聯經出版公司，2003年）。

之不同於諸經處，亦見天台宗師之見明矣！

貳、「妙法蓮華」之義

一、一般之論

有關《法華經》之成立論說，據《佛光大辭典》之述如下：

> 為大乘佛教要典之一，共有二十八品。妙法，意為所說教
> 法微妙無上；蓮華經，比喻經典之潔白完美。據推測，其
> 原典之成立可溯自紀元前後。該經主旨，認為小乘佛教各
> 派過分重視形式，遠離教義真意，故為把握佛陀之真精神，
> 乃採用詩、譬喻、象徵等文學手法，以讚歎永恆之佛陀（久
> 遠實成之佛）。稱釋迦成佛以來，壽命無限，現各種化身，
> 以種種方便說微妙法；重點在弘揚「三乘歸一」，即聲聞、
> 緣覺、菩薩之三乘歸於一佛乘，調和大小乘之各種說法，
> 以為一切眾生皆能成佛。其表現雖為文學性，然主旨則契
> 入佛陀教說之真思想。各品成立之年代雖互異，然自然整
> 體觀之，仍不失渾然統一。[1]

如上之論，於《法華經》本經而言，可歸之如下兩點之說：

1. 有關《法華經》成立時間之推測，「可溯自紀元前後」，若
此說為公認之說法，則《法華經》顯然並非是代表釋尊最原始之

---

[1] 《佛光大辭典》中冊，頁 2847-2849，「妙法蓮華經」條，（高雄：佛光出版社，
1989 年）。

教義。依佛教經論之分界，代表釋尊最基本教義之經典為《阿含經》，而《阿含經》義是以暢論「無常、苦、無我（空）」為主論，而《法華經》之內容方向，與《阿含經》是有甚大之差距。依佛教「三藏」之分，「經」為「佛說」，然依釋尊一生四十多年之教化，一切「經藏」是否皆為佛說，本為後人之議，然本文無意論說或辯解「大乘是否為佛說？」之議題，惟可確定：《法華經》雖為後代漸集而成，但其經義主旨與方向，則與釋尊之心懷是相應契的，此為《法華經》必然之肯定。

2. 就《法華經》之內容行文觀之，經中沒有奧義名相之敷陳，亦沒有深微而令人難解之義理，全經皆以譬喻、象徵為主，恍如是一部故事書，藉由不同之情節而串連成一「渾然統一」之主旨義理。依學人在覽閱佛教各宗重要經論時，《法華經》確實可謂偏向是「文學作品」，而非是「哲學作品」。《法華經》可謂是淺顯而易懂，然何以天台宗智顗大師卻又以本經為天台宗立宗所依之經典呢？於此，牟宗三先生對於《法華經》之性格，有一論說如下：

> 《法華經》是空無第一序之內容的，它無特殊的教義與法數。《般若經》教吾人以實相般若；《涅槃經》教吾人以法身常住，無有變易；《解深密經》教吾人以阿賴耶系統；《勝鬘》、《楞伽》、《密嚴》等經教吾人以如來藏系統；《維摩詰經》教吾人以不二法門；《華嚴經》教吾人以法界圓融。凡此等經皆有鮮明之內容而足以吸引人。《法華經》教吾人以什麼呢？若與上列諸經對比，你馬上可以覺到它實在貧乏得很！天台宗宗《法華經》，豈不怪哉？但是它豈真無所說乎？它有所說，它所說的不是第一序上的問題，乃是第二

序上的問題。它的問題是佛意，佛之本懷；是權實問題，
迹本問題，不是特殊的教義問題；它處理此問題的方式是
開權顯實，開迹顯本。它只在此成立圓實教，以明佛之本
懷。這顯然是第二序上的問題，高一層的問題，也可以說
是虛層的問題，因此，它沒有特殊的法數、教義，與系統，
因而它亦無鋪排。（華嚴宗的「別教一乘圓教」是第一序上
的。）[2]

　　牟先生列舉佛教各重要經典之主旨，言各經皆有「鮮明之內
容而足以吸引人」，此為「經」之足以為「經」之重要依據，然法
數、教義之敷陳是為引學人入佛之妙境，而各經之所以有不同之
教說，除為展現佛教之內涵博大外，實依「佛之本懷」而言，眾
生根器各異，為應不同眾生之執，而佛之法義言說，無非是「藥
方」，故佛教有千法萬法，實因眾生有千種萬類，而法義教說予眾
生而言。實為解執之妙方，此為「經」之所以成立之緣。然今觀
《法華經》全文，除譬喻故事外，所言只有一事，即一切眾生皆
可成佛。牟先生將「佛經」分為「第一序」與「第二序」說，就
佛教之「名相」而言，並無所謂「第一序」與「第二序」之分，
然依牟先生之意，[3]顯然「第一序」為淺層、初階，此即法義敷陳，
其目的在引眾生踏入佛之教義海中，此即各經展現不同妙義之所
在。然引眾生入佛之經藏，並非僅止於了解、讚頌經義而已，實

[2] 牟宗三《牟宗三先生全集 4・佛性與般若（下）》，頁 576-577，（台北：聯經出版公司，2003 年）。
[3] 牟宗三《牟宗三先生全集 29・中國哲學十九講》，頁 1-2，「第一序只是正面把哲學的內容述出來，沒有批導出它所涵蘊的問題。第二序是重新加以反省、衡量，來看看這裡面有些什麼問題。」（台北：聯經出版公司，2003 年）。

為使眾生能依法如實修行，以達證悟之境，此即是所謂「佛意、佛之本懷」。釋尊視與修行無關之理論為「戲論」，故一切佛經論之教義，皆必扣緊此一「本懷」方向，而《法華經》雖不敷展法義，但確一再明示：「一切眾生皆可成佛」之義，此即牟先生所謂之「第二序」，即是深層、高階。正因《法華經》不以鋪排法義為主，故又言其是「虛層」，此「虛」並非是負面虛無之義，此「虛」乃就法義為實而相較論之，因一切眾生是否能終究成佛，實取決於眾生累劫與當世之行願、眼光與努力，故依「成佛」而論，實無法明證一切眾生皆可臻至，是以而言為「虛」。法義是確然存在的，然學人之氣度、胸襟與心量又各有異，以是有聲聞、緣覺與菩薩之不同，然《法華經》之說，正是為一切眾生言明有一「成佛」之徑。若依大、小乘之分，則「小乘」自不敢自詡能成佛，然法華之妙旨即在遣除小乘之自悲，因依佛意，終究是：「三乘歸於一乘」，且不論《法華經》是否有意「調和大小乘之各種說法」，然「三乘」為權、為迹，以佛之本懷而言，一切修證路徑，究竟皆可「成佛」，此則為實、為本。佛法是以「第一義諦」為究竟之無上真理，以無上妙法而言，只能是「第一義」，不能是「第二義」，因「第二義」即落於言說，已然是「世俗諦」。若依牟先生「分序」之法，唯「第二序」才能成就「第一義諦」，以達中道實相；而《法華經》正是為呈現此究竟「佛陀教說之真思想」。

再列關於「妙法蓮華」之義，有云：

> 妙法者，一乘之因、一乘之果也。前十四品說一乘之因，後十四品為一乘之果。一乘之果，對於三乘之麤法而謂為妙法。蓮華者譬也，蓮華必華實同時而存，以表一乘之因

果為同時也。天台謂妙法者，十界十如權實之法也。九界之十如為權，佛界之十如為實。此權實之法，乘為實相，而即空、即假、即中，故曰妙。蓮華者，譬此權實之關係也。何則？華如權法，實如實法，佛成道後至今時說權法者，是為欲說今之實法之方便，如華之為實而開，此謂之為實施權。次說明前所說之權，悉為方便，顯一乘之實法者，猶如華開而實現，此謂之華開蓮現。次一乘之實法顯了，則實法之外無權法，權法悉為實，猶如實成而華落，此謂之華落蓮成。如此以蓮華表權實之施開發也。[4]

據丁福保之編錄所論，整部《法華經》可分為上下兩部份，一為「一乘之因」，一為「一乘之果」，此乃可謂總結《法華經》之說即是「一乘之因果」，唯能依「一乘之因」才能得成「一乘之果」，此為由「因」至「果」有其順序，此為三乘之因果論。然《法華經》之「妙」，即妙在：「一乘之因果為同時也」，則此中之「因」與「果」之關係，並非是「依順序」而產生之結果，故以「妙法」「蓮華」為喻。稱其為「妙法」，故非依一般之「因果」論而得成；而以「蓮華」為譬，其義可列分為三：

1. 為蓮而華：依釋尊開法而言，是應眾生根器不同而異，此正是後世所謂：「法」有淺深高下之別。「判教論」之出現，正是為釋尊一代時教而做「判攝」工作，亦是判別各經論法義淺深高下之別，唯在不同宗派之「判教論」中，其淺深高下之判攝當有所不同。然於釋尊而言，法雖有方便（權）與究竟（實）之分，

---

[4] 丁福保編《佛學大辭典》，頁 1204，「妙法蓮華」條，（台北：天華出版公司，1986 年）。

但依釋尊之本懷而言,「誠願法界眾生,個個都成佛」,才是其開法之最終目的。故「法」雖有權、實之分,但「悉為實相」,此即是在說明:一切法之「妙」即妙在「即空、即假、即中」之「空、假、中三諦圓融」上,一切法皆暫時存在過,此即為「假」;既是暫時性,故終將成空,此即為「空」;一切法既是假、又是空,此即是「中」道法。此即「空、假、中」是同時而存在,並非是有其相依順序,既是「假」、就是「空」,亦即是「中」,依此而論釋尊之開法,此一切法確實皆是中道「實相」。今以「蓮華」而譬之「權實」之關係,則「華如權法,蓮如實法」,如是則顯「權」先而「實」後,因先有華,後有蓮,然佛之施權法,皆為終究「實法之方便」,故曰:「猶如華之實而開,此謂之為實施權。」故依「蓮華」為譬,則「華」是為「蓮」而開。

2. 華開蓮現:釋尊成道後,隨緣而度化眾生,為應不同法界眾生而施不同之法,此中「九界之十如為權」,依菩薩、緣覺、聲聞、天、人、阿脩羅、地獄、餓鬼、畜生不同之法界,釋尊皆開示不同之法;唯「佛界之十如為實」,此義涵:唯能得入「佛界」才是究竟之目的,故依「權」與「實」而論,一切權說,皆為成就實法而開展,若不為「實法」,又何需施權說呢?今以「華」為「權」,以「蓮」為「實」,比喻「華」必為「實」而開,亦是「為實」而「施權」;而「華開蓮現」正表明「權」與「實」是共存的,一切之權法方便,但為顯一乘之實法,此即所謂「一乘之因果」,不同於「三乘麤法」之「因果」。

3. 華落蓮成:依植物之生長而論,必先發芽、散枝、開花與結果,而眾生所追求的,就是甜美之果實,依結成果實而論,則前之枝與花之養份輸送,無非皆為此「果實」而存在,故「果」

一旦成，則「花」必落而不存在，此以喻釋尊一旦開示「法華」妙義，則前之一切權法必不存在，故依實法而言，並無其他權法之存在，而一切權法亦皆是實法，此即謂「華落蓮成」，「華」已入於「蓮」中而相融為一體。依「因果」論之，則「一乘」法中，唯有「一乘之果」，並無「一乘之因」，故起首有言：「妙法者，一乘之因、一乘之果也」，實則一乘之因皆入於一乘之果中，但見「蓮果」之成，而「華」早已不知去向。

　　不論各宗判教論之判攝結果有何不同，《法華經》相較於各經論之法義，確有其特殊處：不敷陳繁瑣、複雜之法義名相，只彰顯「三乘皆可成佛」義．此即為本經之「妙」處，兼之以「蓮華」為喻：蓮華為出污泥而不染，正可喻眾生雖處於污濁裡，但究竟皆可修證成佛道。「蓮」與「華」必互為存在，此喻「妙法」之開示，必為「因果並舉」。又蓮華非生於高原上，而是處於低濕間，此暗喻修證成佛，必經歷千魔萬考，終可成之。以「妙法蓮華」喻本經為「一乘」法，確見其深義。

二、智顗之論：眾生、佛、心法妙

　　智顗依《法華經》而開創天台宗，其尊崇《法華經》當是必然，其於《法華玄義》中，就「法華」之要旨，有甚為詳細之開說，其立「五重」：一釋名，二辨體，三明宗，四論用，五判教；又立「七番」：一標章，二引證，三生起，四開合，五料簡，六觀心，七會異。[5]如是之分立，如其所云：「釋此五章，有通有別。

---

[5] 大正 33・681 下-682 上。

通則七番共解,別則五重各說。」[6]其中於「觀心」中有言:

> 六明觀心者,從標章至料簡,悉明觀心。心如幻燄,但有
> 名字,名之為心。適言其有,不見色質。適言其無,復起
> 慮想。不可以有無思度,故名心為妙。妙心可軌,稱之為
> 法。心法非因非果,能如理觀,即辦因果,是名蓮華。由
> 一心成觀,亦轉教餘心名之為經,釋名竟。心本無名,亦
> 無無名。心名不生,亦復不滅。心即實相,初觀為因,觀
> 成為果。以觀心故,惡覺不起。心數塵勞,若同若異,皆
> 被化而轉,是為觀心,標五章竟。[7]

　　智顗對「妙法蓮華」之釋義,顯然是著重在「心」上,以「心」
為「妙」,「妙」即不可思議,「心」雖無法言「有」或「無」,然
一切法亦皆依「心」而起,此即「心生法生、心滅法滅」義,以
「心」可成「法」,故言「妙心可執」。智顗將「妙心」與「法」
相連結,故成「妙法」,而妙法即是「妙心」,而「心」即是「法」,
故亦可總曰「心法」,所謂「心法」,即自心本具足通徹明朗之萬
法。足見「心法」並非來自於任何某一位「佛」說,「心性」是人
人本具足,「人人皆有心法」,此當為釋尊必然之肯定,即如釋尊
所言:一切眾生皆有如來之智慧德相,故依眾生所已具足之「心
法」而言,則「心法」必為「非因非果」,若真正已明徹「心法」
者,其必言曰:「我不受因果輪迴。」故依「心性」而言,「能如
理觀,即辦因果,是名蓮華。」此乃將「心法」居於主宰「因果」

---

[6] 大正 33‧682 上。
[7] 隋‧智顗《法華玄義》卷 1 上,大正 33‧685 下。

之地位而言之，以是「如理觀」，則「因果」由「我」主宰，由我
所操辦，而「蓮華」正代表著開花與結果，此喻：個人之因果，
由個人所主宰，而主宰之關鍵即是個人之「心法」。智顗於「妙法
蓮華」之釋名至此已終竟，然其由「心」，再轉而至「一心成觀」，
且以「心」爲實相，既爲「實相」，則當無「生」與「滅」之問題，
此乃單就「心」而言，與前之「心」與「性」之關係界定不同。「心」
既是「實相」，而「實相」即「無相」，「無相」即「實相」，因「心」
本不可「名」之，更無法以「色質」而見之。「心」雖不可名、不
可見，然「心」之特質又在於：能「慮想」，以是而言「心」具有
「觀」之作用，而人之一切因果，無非即由「觀」而成之，故言：
「初觀爲因，觀成爲果」，智顗特將「觀心」與「因果」相連結，
無非希望藉由「觀」之功能而論「觀心」即是一種修養功夫。因
「觀心」能具有真工夫，則「惡覺不起」，此即可見「觀心」具有
止惡之力量，然「觀心」又非輕易之事，因「心」相應於一切外
在事事物物，則常感到「心數塵勞」。依理，若智顗以「心」爲實
相，則「心」本應爲「如實中道」，惟「心」之特點，非僅形上之
「理」而已，其能「慮」，能「慮」則產生「塵勞」之相，而「觀」
正是欲將「心數塵勞」，化轉爲實相之理，故言「若同若異，皆被
化而轉」，能「化而轉」，即是「觀心」之最終竟目的。智顗依「觀
心」再釋「妙法蓮華」，如隋・智顗《法華玄義》卷2上云：

> 正解妙法蓮華。廣說者，先法次妙。謂眾生法、佛法、心
> 法，如經爲令眾生開示悟入佛之知見，若眾生無佛知見，
> 何所論開，當知佛之知見，若眾生無佛知見，何所論開，
> 當知佛之知見，蘊在眾生也，眾生法妙也。佛法妙者。佛

> 法不出權實，如是二法，唯佛與佛乃能究盡諸法實相，是
> 名佛法妙。心法妙者，如安樂行中，修攝其心，觀一切法，
> 不動不退，又一念隨喜等。普賢觀之：我心自空，罪福無
> 主，觀心無心，法不住法。淨名云：諸佛解脫，當於眾生
> 心行中求。《華嚴經》云：心佛及眾生，是三無差別，破心
> 微塵，出大千經卷，是名心法妙也。[8]

　　此處先依「法」而分述為三：即「眾生」、「佛」與「心」。然
此「三」皆具不可思議處，故又各言其「妙」：

　　1. 眾生法妙：以「成佛」而論之「眾生」，則眾生代表心慮
塵勞，庸庸碌碌，於因果中而輪迴不已，然「佛」是依「人」而
證入，故十法界中，「眾生」雖隸屬「凡」界，然唯「人」可超「凡」
入「聖」，故依佛所具有之佛之知見，眾生亦必當有之，此乃予「成
佛」之可能依據而論之，若眾生本不具佛之知見，又何來有終究
成佛之期矣！此亦如儒家孟子必肯定「性善」之緣由，亦在為「成
聖」之可能尋一依據，若人性中無「善」之因子，則「成聖」即
不可能，故依孟子之思緒，其對「人性」為「善」之肯定，實則
是為「成聖」之路而敷設。智顗以「法」而言之眾生，則眾生必
具「妙法」，故言：「當知佛之知見，蘊在眾生」，此乃確然肯定眾
生與佛皆同具「佛之知見」，而兩者之差異，唯在眾生為「隱」，
而佛則為「顯」。

　　2. 佛法妙：佛之施法眾生，有權、有實，此為應機之緣由，
惟「法」既分「權」與「實」，則有方便與究竟之分，故即為「二

---

[8] 大正 33．691 上-693 中。

法」。然依成佛之究竟而言，佛與眾生本隸屬於不同之法界，而此中唯佛能真正「究竟諸法實相」，此正是「十法界」差別之象徵，亦是突顯成佛之尊貴性，亦在說明「佛」是超越於眾生的，故依「佛」能究盡諸法實相而言，則確然唯「佛法妙」也。

3. 心性妙：於修證成佛之歷程中，是成佛或是眾生，其關鍵處唯在「心」，心悟即成佛，心迷則成眾生，故修行可謂即是「修心」，然「心」不見色質，不能以慮想，又當如何「修心」呢？智顗提出唯在「觀一切法，不動不退」上，「法」是隨人而產生，若眾生無心病，亦不需開一切法，故就「法」而言，「法」有生滅、有來去，一切法無非皆是暫時性的，唯「心」不隨「法」而轉，才能臻至智顗所謂「觀一切法，不動不退」，此並非言「法」之作用，其關鍵在「心」，故以「修攝其心」為主導，才能有「觀一切法，不動不退」之結果。「法」雖是暫時性，但一切法亦皆有其適用性，故於「法」之態度上，可「一念隨喜」。「心」與「法」之關係存在，是以「心」為主，然「心」又不可以「名」之，「心」亦不可以「觸」之，以「心」而言，終究不落形象，故能悟「我心自空」，才能泯除「心」與「法」之存在關係，故有謂之「觀心無心，法不住法」義。上之眾生法妙、佛法妙、心法妙，看似三分，實則：成佛當由眾生中求，而眾生欲成就佛道，又當在「心」行中求，以是而言「心」、「佛」與「眾生」是三為一，本不可分，亦無差別。「心」具有成佛與為眾生之殊妙關鍵在，但亦不可執之，唯能「破」除「心」之「微塵」，則一切經卷，無非皆在此心中，故曰「心法妙」。

依智顗之論「妙法蓮華」，其言「妙」是一圓融而不可思議，「妙」是究竟之結果，然「妙」之前先要分論「法」，故其強調「先

法次妙」，而一切法無非「眾生、佛與心」，然此三法，依智顗之「廣分別」，又可列為：「若廣眾生法，一往通論諸因果及一切法。若廣佛法，此則據果。若廣心法，此則據因。」[9]此中以佛為果，以心為因，而眾生則據因與果二法，眾生依「心」之因修證而可得證成「佛」之果，則心、佛、眾生此「三法」，則成一圓融而不可分，此即是「妙」。智顗之意不在二或三、或十，其意在「一」，故又云：「或明一法攝一切法，或明二法攝一切法。乃至百千。」[10]唯有臻至「一」圓融之境才可稱「妙」。

三、《法華經》文中之「妙法蓮華」

依天台宗智顗「五時」之判教，第五時為「法華時」，惟「五時」之判，是「義理意義」，乃依釋尊開法內容而判，並非是釋尊講法度眾之時間順序。就智顗之判教而論，《法華經》當為後說，且依「佛經」之一般性慣例，全經之名皆為佛最後付囑時才言出。然今觀《法華經》或「妙法蓮華」之名，已散見於各品論述中。如〈序品〉中所云：

> 爾時如來放眉間白毫相光，照東方萬八佛土，靡不周遍，如今所見是諸佛土。彌勒當知，爾時會中有二十億菩薩，樂欲聽法，是諸菩薩見此光明普照佛土，得未曾有，欲知此光所為因緣，時有菩薩，名曰妙光，有八百弟子。是時日月燈明佛從三昧起，因妙光菩薩說大乘經，名妙法蓮華，

---

9 隋·智顗《法華玄義》卷2上，大正33·693中。
10 隋·智顗《法華玄義》卷2上，大正33·693中。

　　教菩薩法佛所護念，六十小劫不起于座。……佛滅度後，
　　妙光菩薩持妙法蓮華經，滿八十小劫為人演說。……彌勒
　　當知，爾時妙光菩薩，豈異人乎！我身是也。今見此瑞與
　　本無異，是故惟忖，今日如來當說大乘經，名妙法蓮華，
　　教菩薩法，佛所護念。[11]

　　此上之引文，可歸納為如下數點深義：

　　1. 由妙光而妙法：「成佛」代表為入一理境之域，「理境」無
法以文字、言說述之，為表達佛之圓滿智德，能吸引一切法界無
量眾生之嚮往，其智德可滋潤普惠一切眾生，故以「光」為「佛」
之另一象徵意義。據《佛光大辭典》所論：「若由佛菩薩自身發出
之光輝，稱為光；而照射物體之光，則稱為明。佛之光明可分為
常光（圓光）與現起光（神通光、放光）二種，前者指恆常發自
佛身，永不磨滅之光；後者指應機教化而發之光。」[12]佛由眉間
放白毫相光，此為佛發於自身某一處之光，因此光可為眾生帶來
法益祥瑞，故亦可稱之「瑞光」。佛之放光本不可思議，故以「妙
光」菩薩為佛之另一化身，所演說內容是為「大乘」不可思議之
妙法，即人人皆可得佛授記而成就佛道。〈序品〉中之「妙法蓮華」
或「妙法蓮華經」，顯然並非僅指後世所流傳二十八品之《法華經》
是經而已。「妙法蓮華」可謂是一「統稱」，言一切眾生皆可蒙佛
授記而得證成佛之法，皆可名曰「妙法蓮華」或「妙法蓮華經」。
明・智旭《法華綸貫》釋「迹門十妙」第八妙「說法妙」有論曰：

---

[11] 大正 9・4 上-中。
[12] 《佛光大辭典》上冊，頁 2173-2174，「光明」條，（高雄：佛光出版社，1989年）。

「其所說法,皆悉到於一切智地,已今當說,是為難信難解時,即說法妙也。」[13]佛以妙光而演妙法,是「如來當說大乘經」,其妙義已至一切智地,故小乘根人難信難解。

2.「彌勒」所代表之意義:佛為彌勒開示妙光菩薩演說妙法蓮華之因緣,其中亦涉及彌勒之本生因緣:「燃燈(佛)八百弟子中有一人,號曰求名,貪著利養,雖復讀誦眾經而不通利,多所忘失,故號求名。是人亦以種諸善根因緣故,得值無量百千萬億諸佛,供養恭敬尊重讚歎。彌勒當知:求名菩薩,汝身是也。」[14]此段佛與彌勒之本生因緣,藉由「彌勒」代表一般之學人弟子,凡夫習氣深重,貪名著利,不力精勤,雖於佛座為弟子,但有口無心,隨誦隨忘,無法貫通經義,雖是如此,但只要能「種諸善根因緣」,在善因緣之長久薰成下,且累劫累世皆供養無量百千萬億諸佛,亦即能於諸佛座下修學為弟子,待凡夫習氣除,善根因緣具熟,終能蒙佛「惟忖」。依佛經所論,「彌勒」為釋尊付囑為「未來佛」之代表,而「彌勒」之角色因緣,無非在表明凡人之習氣,若能在大乘妙法薰習下,終必得證佛果,此為必然之肯定。

另於〈譬喻品〉中亦見「妙法蓮華」,如云:

> 爾時,佛告舍利弗:吾今於天人沙門婆羅門等大眾中說,我昔曾於二萬億佛所,為無上道故常教化汝,汝亦長夜隨我受學。我以方便引導汝故,生我法中。舍利弗,我昔教汝志願佛道,汝今悉忘,而便自謂已得滅度。我今還欲令汝憶念本願所行道故,為諸聲聞說是大乘經,名妙法蓮華,

---

[13] 卍續 50 · 173d-174b。
[14] 大正 9 · 4 中。

教菩薩法，佛所護念。¹⁵

　　此段為佛與舍利弗之本生因緣，今日一切因緣之成，皆可溯於往昔之所造。舍利弗已多生受法於「佛」，且志願成就佛道，唯佛座下之修學者，即使已發願志成佛道，但每一轉生，堅固心念即漸消去，此意謂得證佛道需待淬之再淬，煉之再煉。舍利弗「自謂已得滅度」，此為小乘心態，佛為憫之，故願「為諸聲聞說是大乘經，名妙法蓮華」。依此，「妙法蓮華」之深義，可為「聲聞乘」說，可令聲聞轉向大乘菩薩道，故「妙法蓮華」雖是「教菩薩法，佛所護念」，但並不僅只為「大乘者」而開演，而是能普施於聲聞乘。

　　又〈化城喻品〉云：

爾時彼佛受沙彌請，過二萬劫已，乃於四眾之中，說是大乘經，名妙法蓮華，教菩薩法，佛所護念。¹⁶
若聲聞、辟支佛及諸菩薩，能信是十六菩薩所說經法，受持不毀者，是人皆當得阿耨多羅三藐三菩提如來之慧。佛告諸比丘，是十六菩薩常樂說是妙法蓮華經。¹⁷

　　「妙法蓮華」或「妙華蓮華經」，為菩薩常樂說之法，其雖隸屬於「大乘經」，但四眾、聲聞與辟支佛皆可得受法益，但其中之重要關鍵在「能信」與「受持不毀」，唯此兩者同具，則得證阿耨

---

¹⁵ 大正 9・11 中。
¹⁶ 大正 9・25 上。
¹⁷ 大正 9・25 中。

多羅三藐三菩提如來之慧，當無有疑慮。不論是「妙法蓮華」，或天台所宗之《妙法蓮華經》，其妙義一再強調能普及至不同法界，其雖爲大乘法，卻可使三乘同沾，並非僅止於大乘根器者得受之，故若依「受法益者」而言，則「妙法蓮華」實更接近「圓」。

又〈見寶塔品〉云：

> 爾時寶塔中出大音聲，歎言：善哉！善哉！釋迦牟尼世尊，能以平等大慧，教菩薩法，佛所護念，妙法華經為大眾說。[18]彼中有佛，號曰多寶，其佛行菩薩道時，作大誓願。若我成佛，滅度之後，於十方國土，有說法華經處，我之塔廟，為聽是經故，踊現其前，為作證明。[19]
>
> 善哉！善哉！釋迦牟尼佛，快說是法華經，我為聽是經故，而來至此。……即時釋迦牟尼佛，以神通力接諸大眾，皆在虛空。以大音聲普告四眾，誰能於此娑婆國土廣說妙法華經，今正是時，如來不久當入涅槃，佛欲以此妙法華經付囑有在。[20]

由「妙法蓮華」而「妙法華經」，此爲名稱上之改變，然不變的是皆可爲「大眾說」。可爲「大眾說」之緣由，在「平等大慧」上，因一切眾生皆同具如來之智慧德相，故眾生與佛在「大慧」上皆是「平等」的，以是「妙法華經」當可爲「大眾說」。「妙法華經」其殊勝處，在於「娑婆國土」可爲廣說，亦可在十方國土

---

[18] 大正9‧32中-下。
[19] 大正9‧32下。
[20] 大正9‧33下。

而開演；而以「今」佛住世「時」而言，其殊妙處更在於佛將入涅槃，且欲將此「妙法華經付囑有在」，此意謂：「妙法華經」之所在，即「佛」之所在，而有說此經者、有聽是經者，佛皆將示現神通而護佑之。

又〈提婆達多品〉云：

> 爾時佛告諸菩薩及天人四眾：吾於過去無量劫中，求法華經，無有懈惓。於多劫中，常作國王，發願求於無上菩提，心不退轉。……為於法故……四方求法，誰能為我說大乘者，吾當終身供給走使。時有仙人來白王言：我有大乘，名妙法華經。……佛告諸比丘：爾時王者，則我身是。時仙人者，今提婆達多是。[21]

「法華經」是無上菩提法，是大乘法，欲修習大乘法者，當有於「無量劫中，無有懈惓」且「心不退轉」，在精勤求法中才能得遇。釋尊以本生因緣說明：雖享人間國王福報，但為法故，要能「捐捨國位，委政太子」，亦即能棄捨世俗名利權勢，才能得聞「妙法華經」。且據釋尊過去劫之因緣而觀，為釋尊宣暢「妙法華經」者，即是提婆達多仙人，故「妙法華經」是一大乘法、無上菩提法之總名，實無有疑慮，而非僅指為今日所具之「定本」。

又〈隨喜功德品〉云：

> 爾時彌勒菩薩摩訶薩白佛言：世尊！若有善男子、善女人，

---

[21] 大正 9‧34 中-下。

> 聞是法華經隨喜者，得幾所福？……佛告彌勒：我今分明
> 語汝，是人以一切樂具，施於四百萬億阿僧祇世界六趣眾
> 生，又令得阿羅漢果，所得功德，不如第五十人聞法華經
> 一偈隨喜功德，百分千分百千萬億分不及其一，乃至算數
> 譬喻所不能知。阿逸多！如是第五十人展轉聞法華經隨喜
> 功德，當無量無邊阿僧祇。何況最初於會中聞而隨喜者，
> 其福復勝無量無邊阿僧祇。[22]

　　從前之「妙法蓮華」、「妙法蓮華經」，而「妙法華經」，以至
本品直稱為「法華經」，可見「法華」是「妙法蓮華」之簡稱，亦
可謂是代表一切法之義，如元·宗寶《六祖壇經》〈機緣品〉所云：
「心迷法華轉，心悟轉法華。」[23]「法華」已顯非特指某一部經
名，「法華」即是「法」，一切「法」一經開敷則如「華」之開展，
故以「法華」為一切「法」之代稱。本品在論述「法華經」之功
德，凡聽聞者、隨喜者，或展轉聽聞者等，其所得之功德將無法
譬說。一切樂具布施等是有形有相，有形有相終歸有數有限；聽
聞法華經是無形無相，既無形無相則無法估量。佛以展轉聽聞法
者其隨喜功德尚無法計數，更何況是「最初於會中聞而隨喜者」，
佛之心懷是：勉學人當精勤親近善知識以求法、聞法並修持法。
　　又〈常不輕菩薩品〉云：

> 爾時佛告得大勢菩薩摩訶薩：汝今當知，若比丘、比丘尼、
> 優婆塞、優婆夷，持法華經者，若有惡口、罵詈、誹謗，

獲大罪報，如前所說，其所得功德，如向所說，眼耳鼻舌身意清淨。[24]

比丘臨欲終時，於虛空中，具聞威音王佛先所說法華經，二十千萬億偈悉能受持，即得如上眼根清淨，耳鼻舌身意根清淨。[25]

於後復值千萬億佛，亦於諸佛法中說是經典，功德成就當得作佛。……我於先佛所，受持讀誦此經，為人說故，疾得阿耨多羅三藐三菩提。[26]

　　「持」或「聞」「法華經」之功德，可使原「有惡口、罵詈、誹謗，獲大罪報」者，轉而為「眼耳鼻舌身意清淨」，於此，更可點出「法華經」之法門，實涵蓋修證初階之去惡向善，並由持、聞之功德中，而進一步演說本經典，如是之功德可「成就當得作佛」，此為修證之究極。依本品所言之「法華經」，非僅針對「疾得阿耨多羅三藐三菩提」之一乘佛法而言，實是包括三乘法於內。

　　又〈如來神力品〉云：

即時諸天於虛空中，高聲唱言：過此無量無邊百千萬億阿僧祇世界，有國名娑婆，是中有佛，名釋迦牟尼，今為諸菩薩摩訶薩，說大乘經，名妙法蓮華，教菩薩法，佛所護念。……如來一切所有之法，如來一切自在神力，如來一

---

[24] 大正 9・50 中。
[25] 大正 9・51 上。
[26] 大正 9・51 上。

切秘要之藏，如來一切甚深之事，皆於此經宣示顯說。[27]

當世娑婆世界之釋迦牟尼佛，所言之「妙法蓮華」是「大乘經」，之所以稱之爲「大乘」，其因在「佛」所具有之一切「法、神力、秘要之藏、甚深之事」皆在「妙華蓮華」此經中而宣說明白。依本品所言之「妙法蓮華」爲「大乘經」，此與前之數品相同，惟本品之特點在「娑婆之釋迦牟尼佛」，此乃肯定「妙法蓮華」之義旨，與釋尊之本懷相合，其內容爲有關「如來」之成就。

又〈藥王菩薩本事品〉云：

> 佛告宿王華菩薩：乃往過去無量恆河沙劫有佛，號日月淨明德如來。……爾時彼佛，爲一切眾生喜見菩薩及眾菩薩、諸聲聞眾，法華經。……（一切眾生）即作念言：我得現一切色身三昧，皆是得聞法華經力。我今當供養日月淨明德佛及法華經。[28]
> 法華經於諸經中最爲其上；法華經於千萬億種種諸經法中，最爲照明；法華經於眾經中最爲其尊。[29]
> 此經（法華經）能令一切眾生離諸苦惱，此法華經能令眾生離一切苦、一切病痛、一切生死之縛。[30]

依本品於「法華經」之述，主要有三點：

---

[27] 大正 9・52 上。
[28] 大正 9・53 上。
[29] 大正 9・54 上。
[30] 大正 9・54 中。

　　1. 所謂「法華經」是早於過去無量恆河沙劫中，已有「佛」宣說過。依佛教發展歷史而言，「釋尊」是「第一位成佛者」；然釋尊於各經之開演中，常以譬喻，說明過去早已有無量成佛者，在不同之世界中皆各在開演法義，而「法華經」是於「日月淨明德如來」時，已為一切眾生宣揚過。釋尊之意主要在說明，當世娑婆世界之《法華經》，並非為釋尊所開創，無人能開創一切法，因一切法皆早已存在於各法界中，惟誰人具有「自覺」領悟力，將已存在之法開示予眾生而已，於「自覺自悟」上而言即是「佛」，故釋尊一再強調自己是授記於「燃燈佛」，此正為說明「法華經」實為已存在之「法」，能悟法且依法修證即可成佛。

　　2.「法華經」為眾經中之最尊，如本品所云：「如佛為諸法王，此（法華）經即為諸經中王。」[31]依釋尊之意，一切眾生本具如來智慧德相，故佛與眾生本同，無分高下，因此，據佛意，所謂「經王」，並非僅特指某一部經而已，更並非單指為「法華經」。因「法」只為治眾生執著妄想之病，是為「暫時」義，故一切「法」終歸是「無法」，此即如《金剛經》所云：「凡所有相，皆是虛妄。」[32]而真正「諸經之師」、「諸法之王」，即是自身之「自覺如來」，亦正因釋尊開悟顯了「自覺如來」，以是有四十九年之法義開演，故真正之「經王」、「法王」即在「自己身上」，以此而開經演論，終將隨化度眾生之無窮，而法義亦永無窮盡，釋尊一生之時教，其目的亦在此。故今本所見之二十八品《法華經》，不敷暢法義名相，唯只論「三乘」終歸可「成佛」，此為「法華」妙義，實亦釋尊之本懷，而天台智顗大師因能契知佛意，特尊奉《法華經》，實

---

[31] 大正 9・54 中。
[32] 大正 8・749 上。

亦有其深義在。

3.「妙法蓮華經」為大乘經，然一般所言之「大乘」，當特指為「菩薩」之度人度己之心量，言「大乘」則有深濃之「斥小」意味。然本品所言「法華經」之特色，可令眾生離一切苦惱、病痛與生死之縛，此為「度己」之部分，故所謂「法華經」雖為「大乘經」，卻不廢退「小乘」，此即以「法華為大乘」之特殊處。以如是之思維觀今本二十八品之《法華經》，全文一再以種種譬說，如：羊車、鹿車、牛車，此代表眾生根器之分別，然就終究而言則只有「大白牛車」，即：「一切眾生皆可成佛」，至此境地，則「大」、「小」皆在所攝化之中，而佛之開演亦終究是唯一佛乘，無二亦無三，此即《法華經》真正之殊勝處。

又〈妙音菩薩品〉云：

> 爾時釋迦牟尼佛告文殊師利：是妙音菩薩摩訶薩，欲從淨華宿王智佛國，而來至此娑婆世界，供養親近禮拜於我，亦欲供養聽法華經。[33]

依本品所述，釋尊於娑婆世界開演「法華經」。此訊息已遍佈無量法界，並感得來自十方法界菩薩摩訶薩之禮拜與供養，此亦表明「法華經」之殊妙不可思議超越其他經義法門。

就以上《法華經》各品中所出現與「妙法蓮華」相關之內容，將以表格方式呈現如下，並剖明「妙法蓮華」於《法華經》中所代表之意涵：

---

[33] 大正9‧55中。

品名	有關「妙法蓮華」之內容
序品	1. 妙光菩薩說大乘經，名「妙法蓮華」，教菩薩法，佛所護念。（妙光菩薩為佛之本生因緣） 2. 今如來當說大乘經，名「妙法蓮華」，教菩薩法，佛所護念。
譬喻品	佛為諸聲聞憶念本願所行道故，說是大乘經，名「妙法蓮華」。
化城喻品	1. 佛為四眾說大乘經，名「妙法蓮華」。 2. 能信「妙法蓮華」經，且受持不毀者，是人當得阿耨多羅三藐三菩提如來之慧。
見寶塔品	1. 釋迦牟尼佛，為大眾說「妙法華經」。 2. 佛告大眾：能為娑婆國土廣說「妙法華經」者，今正是時。 3. 如來不久當入涅槃，欲以此「妙法華經」付囑有在。
提婆達多品	佛於過去無量劫中，常求「法華經」，無有懈倦。
隨喜功德品	於最初會中，聞「法華經」而隨喜者，其福勝無量無邊阿僧祇。
常不輕菩薩品	1. 持「法華經」者，一切罪報，將轉為清淨。 2. 能受持「法華經」者，即得六根清淨。 3. 於諸佛法中說「法華經」者，功德成就當得作佛。 4. 受持讀誦，為人說故，疾得阿耨多羅三藐三菩提。

品名	有關「妙法蓮華」之內容
如來神力品	1. 娑婆世界之釋迦牟尼佛，爲諸菩薩摩訶薩說大乘經，名「妙法蓮華」。 2. 「法華經」宣示顯說之內容：如來一切所有之法、一切自在神力、一切秘要之藏、一切甚深之事等。
藥王菩薩本事品	1. 佛爲一切衆生喜見衆菩薩、諸聲聞衆，說「法華經」。 2. 衆生因聞「法華經」，得現一切色身三昧。 3. 「法華經」爲諸經中最尊、最照明。 4. 「法華經」能令衆生遠離諸苦惱、病痛與生死之縛。
妙音菩薩品	妙音菩薩欲供養聽聞「法華經」。

　　依今本二十八品之《法華經》內容，於各品中時已出現「妙法蓮華」、「妙法蓮華經」、「妙法華經」與「法華經」等，此與經典完成後再題「經名」者不同，據言：「《妙法蓮華經》的成立過程，二十八品並不是一時一人一地之作，假如由此推論，有關此經題的命名與使用，應該不是在法華經二十八品完成時才有的。」[34]此論點除可說明今本《法華經》非一氣呵成外，亦指出「妙法蓮華」之名是早於本經集成之前，亦可謂「妙法蓮華」實爲一「譬說」，再據言：「《妙法蓮華經》的經題名稱，梵名是薩達磨芬陀梨伽蘇多覽（Sad-dharma-puṇḍarīka-sūtram），其意思是，如白蓮之

---

[34] 柯芬玲《妙法蓮華經的授記研究》，頁 41，國立中正大學中國文學研究所碩士論文，2005 年。

聖教，更明確地說則爲，如泥土中盛開的美麗的白蓮，似污濁世間長住之杰（傑）出聖教。」[35]《法華經》爲天台宗師們所尊崇，此經以「白蓮之傑出聖教」爲命名，亦足見其殊勝處。本經之內容：爲大乘經、爲如來一切秘密之藏、爲經中之最尊。「佛」與「一切眾生」當修持本經，以達出污泥而不染之境地。故

佛之修持：過去生中常求本經。

　　　　　過去常演說本經。

　　　　　現今當爲一般大眾、四眾弟子、聲聞界、菩薩眾廣說本經。

眾生之修持：聽聞、信奉、讀誦、受持、隨喜、廣說、供養、流傳本經，無有懈惓。

　　佛即眾生，一皆平等。法華妙義在「眾生、心與佛」三者皆妙，佛與眾生之修持實亦一如平等，故依「佛乘」而言，確實只有「一」，而無有二或三，此「一」即眾生與佛皆本一同得證無上正等正覺，無有差異。

---

[35] 柯芬玲《妙法蓮華經的授記研究》，頁 41-42，國立中正大學中國文學研究所碩士論文，2005 年。

參、《法華經》立「開權」之源由

一、依「本願」故開三乘

今依「圓教」判歸《法華經》,則《法華經》其所肩負之任務,則必為佛之「總圓說」,換言之,在佛已說、當說之無量經典後,《法華經》如何將前已說之經典,能同納入為一「圓」中,使無量經義於此「圓」典中能融合無礙,始可謂之「圓說」。《法華經》既為佛之最終圓說,則《法華經》首先要處理之問題,即是如何面對佛依不同學人而開示不同法門,若以「三乘」為一總分說,則,《法華經》第一要面對是:如何解說「三乘」同為法華之「圓教義」?「三乘」之分,究竟是「佛」言說中之所分,亦或弟子們因無法深悟佛義、本懷而自執為三呢?此為《法華經》欲彰顯其妙義之最關鍵處。

《法華經》於〈方便品〉中,佛為舍利弗所言:「諸佛如來,但教化菩薩,諸有所作,常為一事。唯以佛之知見示悟眾生。如來但以一佛乘教,為眾生說法,無有餘乘,若二若三。」又:「以種種因緣、譬喻、言辭、方便力,而為說法。如此皆為得一佛乘、一切種智故。」[1]此為佛之終究確說,一切言辭之方便譬喻,皆只為「得一佛乘」,然造成弟子自以為「已得滅度」之因,實不來自於佛說法之故,佛之說法有其方便性,而弟子們因不解佛之善巧

---

[1] 大正 9‧7 上-中。

權宜,反執方便爲真實,故有見菩薩授記作佛,而有自不與焉之感傷,而今《法華經》之妙義,正可破弟子們長久以來之執見,如〈譬喻品〉所云:

> 舍利弗白佛言:今從世尊聞此法音,心懷踴躍,得未曾有。所以者何?我昔從佛聞如是法,見諸菩薩授記作佛。而我等不豫斯事,甚自感傷,失於如來無量知見。世尊!我常獨處山林樹下,若坐若行,每作是念:我等同入法性,云何如來以小乘法而見濟度?是我等咎,非世尊也。所以者何?若我等待說所因成就阿耨多羅三藐三菩提者,必以大乘而得度脫。然我等不解方便隨宜所說。初聞佛法,遇便信受,思惟取證。世尊!我從昔來,終日竟夜,每自剋責,而今從佛聞所未聞,未曾有法。斷諸疑悔,身意泰然,快得安隱。今日乃知真是佛子,從佛口生,從法化生,得佛法分。[2]

　　弟子們之疑,實亦是一切眾生長久以來之誤解,總以爲佛之說「法」有淺、有深、有高、有低,此一方面是因於眾生之根器而然,換言之,於眾生之困惑中,「法」是有界分的,聲聞乘者終不可入於菩薩乘中,故當佛爲諸菩薩授記,於其他「小乘」之學人,總有望而興嘆之感。並思之:「我等宜同入法性」,所謂「法性」,即「法之本性」,一切法皆爲度眾而存在,於世尊度眾之本懷而言,一切眾生皆可同入於「得證阿耨多羅三藐三菩提」之法

---

[2] 大正9·10中-下。

中，此即是真正之「法性」，故「法性」亦如「法之性海」，於此「法性之海」中，一切眾生皆可同入，此亦如大海，任何支流注入，皆同歸爲一味；一切眾生在「法性」中，實無有三乘之分，唯有一佛乘（即一味）而已。以法性而言，世尊更無有以「小乘法」而爲「濟度」眾生之說，此乃眾生之咎而非世尊之說法有誤。眾生初聞「涅槃」則以爲是究竟，實不知此爲佛方便隨宜所說，而佛實未曾取證涅槃。《法華經》既爲佛之最究竟圓說，則第一步即要破學人之疑，即佛之「法」只有一佛乘，一切眾生皆可同入阿耨多羅三藐三菩提之法性中。

弟子們之疑在於「云何如來以小乘法而見濟度？」佛爲釋弟子們之惑，其所採取之方法是：「令憶念本願所行道」，正因依弟子們之「本願」而論，則佛之引導必返歸久劫前之因緣，此即如〈譬喻品〉所云：

> 爾時佛告舍利弗：我昔曾於二萬億佛所，爲無上道故，常教化汝。汝亦長夜隨我受學，我以方便引導，汝故生我法中。舍利弗！我昔教汝志願佛道，汝今悉忘，而便自謂已得滅度。我今還欲令汝憶念本願所行道故，爲諸聲聞說是大乘經，名《妙法蓮華》，教菩薩法，佛所護念。
> 舍利弗！汝於未來世過無量無邊不可思議劫，供養若干千萬億佛，奉持正法，具足菩薩所行之道，當得作佛，號曰：華光如來……。華光如來亦以三乘教化眾生。舍利弗！彼佛出時，雖非惡世，以本願故，說三乘法。[3]

---

[3] 大正 9‧11 中。

　　「佛」實未曾滅度，以色身而言住世約僅百年，然佛之慧命
法身是「長夜」教化眾生，所「滅度」者僅是「色身」，「法身」
實從未滅度，故佛以「我」曾於二萬億佛所，爲無上道而常教化，
此正說明「我」（佛）於「法」之教化上，實未曾取證「滅度」，
此爲佛之自覺自證，而佛亦以如是之未曾滅度之法義、之修持，
而方便引導教化眾生。佛以其自覺、自證、自行之法而教予眾生，
亦實要眾生以佛之行證而爲己之行證，佛既未曾取證滅度，而受
學之弟子們卻「自謂已得滅度」，其因何在？此即如舍利弗之所
言：「昔住學地，佛常教化言，我法能離生老病死，究竟涅槃。是
學、無學人，亦各自以離我見及有無見等，謂得涅槃。」[4]釋尊之
演法，以「解脫苦」爲重，以至如何超脫生老病死苦以達究竟涅
槃，爲佛教之「法印」，而後世總結以「諸行無常、諸法無我、一
切皆苦」爲佛教之「三法印」，此即代表著佛法之標誌；正因此「無
常、無我、苦」爲觀察一切世間之所有現象，故佛法確有深濃之
「出世間」傾向，且又以「寂靜涅槃」爲究竟，故學人們終以「滅
度」或「涅槃」爲最終之追求。此乃因學人們，尚無法透悟釋尊
雖以「出世間」法爲無漏、正見，故要學人捨世間而出世間，然
釋尊終不以僅爲自身求安樂於出世法之寂靜涅槃爲圓善而已，釋
尊之色身至最後一口氣尚在教化弟子，而其法身更是永無止盡。
且觀釋尊成佛道之誓願，實無法僅以出世間爲止而已，其「出世」
是爲難捨能捨，故捨王位、行出家行，但又以深「入世」間而勤
於教化眾生，故不論僅依釋尊住世八十年而言，或以「法身」而

---

[4]　《法華經》〈譬喻言〉，大正 9・12 中。

論之，以求解脫苦惱以達寂靜涅槃或煩惱止息，皆爲佛之方便引導，而佛之教化眾生目的，惟然在使學人們能志願佛道，此爲佛教化之本願，亦是學人受學之本願，故佛要舍利弗「憶念本願所行道」，並爲之授記成佛。依佛悟道後之遊行教化，開三乘法是應機，此爲「必需」；然佛終「爲諸聲聞說是大乘經，名妙法蓮華」，此爲「必然」；前之「必需」故開「三乘法」，後之「必然」是爲「本願」；不論是「開三乘」或「顯本願」，此兩者實並無妨礙，故曰：「以本願故，說三乘法」，爲欲令眾生返歸憶念本願，以是開三乘法，而開三乘法亦終爲顯本願；故依「本願」必開「三乘法」，此爲佛開三乘之由，實是爲本願故，並非「本願」與「三乘法」彼此有衝突、矛盾，釋尊爲解弟子之疑，「本願」與「三乘法」並舉說之。

釋尊爲眾生於「法」上之導師，爲釋弟子之疑悔，故願爲四眾說其（本願）「因緣」，然眾生因長劫流轉，執見己深，故對於釋尊言一切眾生皆本得證阿耨多羅三藐三菩提，實不敢信之確爲如是，釋尊爲憫眾故，特舉「譬喻」，使眾生於「故事」闡述中而易受之，此即〈譬喻品〉中甚爲著名之三車（羊車、鹿車、牛車）之喻，然亦如釋尊所言，此「三車」，爲一暫時方便之接引，如〈譬喻品〉所云：

> 若有眾生，內有智性，從佛世尊，聞法信受，慇懃精進，欲速出三界，自求涅槃，是名聲聞乘。如彼諸子弟爲求羊車，出於火宅。
> 若有眾生，從佛世尊，聞法信受，慇懃精進，求自然慧，樂獨善寂，深知諸法因緣，是名辟支佛乘。如彼諸弟子爲

求鹿車，出於火宅。

若有眾生，從佛世尊，聞法信受，勤修精進，求一切智、
佛智、自然智、無師智、如來知見，力無所畏，愍念安樂
無量眾生，利益天人，度脫一切，是名大乘，菩薩求此乘
故，名為摩訶薩。如彼諸子弟為求牛車，出於火宅。[5]

　　此「三乘」之界分，顯然是依「眾生」而然，「從佛世尊，聞
法信受」是一切修學之大前提，然眾生各依執性，有「自求涅槃」、
有「樂獨善寂」、有「利益天人，度脫一切」，此即是佛開三乘之
由，實起於佛知眾生各有所執好，故特舉有「三乘」法而可度脫
之，而眾生亦隨各自所好而修學之，以出火宅；能出「三界火宅」
是佛演說之目的，眾生一旦出脫火宅，佛之導引必使眾生入「佛
智」，故終不再贈三乘法（三車）予眾生，唯賜諸眾生唯一佛乘（大
白牛車）。佛為三界之導師，其為度眾生出三界，可謂用心良苦，
思慮甚深，其心琢磨之過程如下：

　　1. 不能即以「佛智」而度眾生：釋尊悟道後，不自取寂靜深
樂，而是選擇教化眾生；為教化眾生，依「佛」之立場，可以直
讚佛之智力無所畏，以是而引導眾生；然眾生之苦，是苦於火宅
之生老病死，此「人身」最基本之苦，於眾生是最切身之病，此
苦若不能解除，釋尊獨讚如來有勝功德，實難引發眾生趨向修學
佛智，此即釋尊首先之思慮：「若我但以神力及智慧力，捨於方便，
為諸眾生，讚如來知見力、無所畏者，眾生不能以是得度，所以

者何？是諸眾生，未免生老病死、憂悲苦惱，而為三界火宅所燒，何由能解佛之智慧？」[6]基本之「人身」憂苦，尚無法有心智去之，又如何能解更高層次之佛智呢？此即釋尊於演法中，代表佛教根本思想中之「十二因緣」，由無明至老病死，究竟是流轉，或是還滅，才是眾生最關切之部份。

2. 需以方便為引導，故開三乘：依天台宗之判教論，佛之法義是由淺而漸次入於圓教，在未臻至圓教前，一切法皆可謂是方便權法，此總曰為「三乘法」；三乘權法雖未達究竟，然不可否認的，「三乘法」亦是「佛說」，佛藉由三乘法引眾生出「三界火宅」，故以此而論「三乘法」，則三乘法是為救度眾生先遠離三界苦惱，於「度眾」上，「三乘法」確實不虛，此即如釋尊之譬喻解說：「如來雖有力無所畏，而不用之，但以智慧方便，於三界火宅，拔濟眾生，為說三乘，聲聞、辟支佛、佛乘，而作是言：汝等莫得樂住三界火宅，勿貪麁弊色聲香味觸也。若貪著生愛，則為所燒。汝速出三界，當得三乘：聲聞、辟支佛、佛乘。我今為汝保任此事，終不虛也。汝等但當勤修精進，如來以是方便，誘進眾生，復作是言：汝等當知，此三乘法皆是聖所稱歎，自在無繫，無所依求。乘是三乘，以無漏根、力、覺、道、禪定、解脫、三昧等，而自娛樂，便得無量安隱快樂。」[7]佛為使眾生能先出三界火宅，故特以「三乘」為「聖法」，並「保住」三乘法能令眾生安隱快樂，此皆為佛之慈悲與智慧兼用，為先引眾生出離三界火宅，故必先開三乘法，令眾生各依所好而入之。

3. 終以大乘而度脫之：為使眾生能出離三界火宅，佛善用方

6　《法華經》〈譬喻品〉，大正 9‧13 上-中。
7　《法華經》〈譬喻品〉，大正 9‧13 中。

便智慧，眾生亦在佛以三乘法之善誘下而得出離，佛之權宜至此亦已完成其階段性任務。惟佛之智力無量，一切眾生皆是佛之子，佛終必以最究竟之佛法而度脫之，使眾生能憶念本願，實與佛同等證入無異，此即如釋尊之本懷：「如來為一切眾生之父，若見無量億千眾生，以佛教門，出三界苦，怖畏險道，得涅槃樂。如來爾時便作是念：我有無量無邊智慧、力、無畏等，諸佛法藏，是諸眾生皆是我子，等與大乘，不令有人獨得滅度，皆以如來滅度而滅度之。是諸眾生脫三界者，悉與諸佛禪定、解脫等娛樂之具，皆是一相一種，聖所稱歎，能生淨妙第一之樂。如來無有虛妄，初說三乘，引導眾生，然後但以大乘而度脫之，何以故？如來有無量智慧、力、無所畏諸法之藏，能與一切眾生大乘之法，但不盡能受。以是因緣，當知諸佛方便力故，於一佛乘，分別說三。」[8]佛之善巧方便是為引眾生出三界火宅，惟是方便故開三乘，然眾生一旦出離三界火宅，則佛所度脫之法唯然只有一乘佛法，亦即所謂真正佛「度脫之法」，實然只有一乘佛法，實無三乘法。於佛之善巧方便而言有三乘法，然依佛之本懷，並無三乘法，以是因緣，佛以善權方便而言有三乘，是否即為虛妄？依「佛」實無妄語，「佛能與一切眾生大乘之法」，此為佛度脫眾生之本懷，而眾生「不盡能受」，此為眾生之礙障，在佛方便引導下，一切眾生終能得受佛乘，此為實然、確然，故佛終究無虛妄語。佛若不施善巧，眾生終無得度時，此於眾生是一恨，於佛是憾耳！又何能以善巧而言佛之虛妄乎！

---

[8]　《法華經》〈譬喻品〉，大正 9・13 下。

二、為度聲聞執「空無相無作」故

　　釋尊之悟道，代表於「佛法」之證得，釋尊之所以轉法輪，即為將此證悟之法傳佈於天下，然佛法之甚深微妙，實非一般人可得信入、解入，於「信解」之前，如何「去疑」則更顯重要，因「疑」則生「怪」，一旦興起「怪」，心魔則易揚，謗佛毀法之事必如影隨形。佛為將甚深微妙法曉喻大眾，尤其《法華經》，只論「唯一佛乘」，並以前之所論「三乘法」為一時權宜，惟弟子們已久習三乘法，如何能再真正信受大乘法之「阿耨多羅三藐三菩提」，佛以是因緣而善用「三車」之譬喻，唯實無「三車」，終只有「一大白牛車」，佛如是之譬喻，終使聲聞弟子得以「信解」，據智顗論「信解」之義：「今聞譬喻，歡喜踴躍。信發解生，疑去理明。歡喜是世界，信生是為人，疑去是對治，理明是第一義。以是因緣，故名信解。」[9]於〈譬喻品〉中，當釋尊授舍利弗阿耨多羅三藐三菩提記後，著實令須菩提、迦旃延、迦葉與目犍連等弟子嘆未曾聞，而眾聲聞弟子亦自述心迹：

　　我等居僧之首，年竝朽邁，自謂已得涅槃，無所堪任，不復進求阿耨多羅三藐三菩提。世尊往昔說法既久，我時在座，身體疲懈，但念空無相無作。於菩薩法遊戲神通，淨佛國土，成就眾生，心不喜樂，所以者何？世尊！今我等出於三界，得涅槃證。又今我等年已朽邁，於佛教化菩薩阿耨多羅三藐三菩提，不生一念好樂之心。我等今於佛前

---

[9] 隋·智顗《法華文句》卷6上〈釋信解品〉，大正34·79下。

> 聞授聲聞阿耨多羅三藐三菩提記，心甚歡喜，得未曾有。
> 不謂於今忽然得聞希有之法，深自慶幸獲大善利，無量珍
> 寶不求自得。[10]

　　聲聞弟子以「空無相無作」為法，此法著「空」，於自證空境
上而自樂，此法一旦習染已久，且兼之年老體弱，於佛境「心志」
之追求上，恐難再攀高峰，其因有二：一為「心」志弱，一為「身」
體疲，此「身、心」狀況於佛法之信解上確然是具有影響力的。
聲聞眾著「空」法已成定習，於大乘法則「不生一念好學之心」，
既無一念好樂之心，又如何能再興發「志願」於大乘法呢？而《法
華經》之妙，即妙在：於佛之本懷，一切眾生實無界分為三乘。
佛於〈譬喻品〉中以「三車」終歸只有「一大白牛車」，此譬喻若
能信解者，則能領受；若無法悟入者，佛於〈信解品〉中再舉「富
父與貧子」為例說明，「貧子」本為「富父」之子，其「貧」乃自
捨其父而導致如斯，「貧子」本不貧，其本是富。世尊以如是之譬
喻說明，一切眾生皆本為「佛子」，與佛同富有無量法寶藏，以是
而知，佛終「授聲聞阿耨多羅三藐三菩提」，此即意謂「聲聞當得
作佛」。聲聞於菩薩法雖無所志求，然聲聞（貧子）終得佛（富父）
之委付法寶藏，此喻：聲聞即使心不希求，然法王大寶自歸聲聞，
此即如〈信解品〉之文末所云：「佛知我等（須菩提、迦旃延）心
樂小法，以方便力隨我等說，而我等不知真是佛子。今我等方知，
世尊於佛智慧無所悋惜，所以者何？我等昔來真是佛子，而但樂
小法；若我等有樂大之心，佛則為我說大乘法，於此經中唯說一

---

[10] 《法華經》〈信解品〉，大正9‧16中。

乘。而昔於菩薩前毀皆聲聞樂小法者，然佛實以大乘教化，是故我等說本無心有所悕求，今法王大寶自然而至，如佛子所應得者皆已得之。」[11]佛為法王，一切眾生則為法王之子，「父子」是「天性」，此「天性」不因父子之遠離而可被截斷，「父子」為不可逃脫於天地間之親情。今依佛法而論，則佛與眾生是「法之父子」，此「法之父子」是就「本願」而論，而「本願」亦不因眾生之長劫流轉而可改易。依「天性」，父必付委財物予子；依「本願」，則佛必授記一切眾生皆是阿耨多羅三藐三菩提，此為「自然而至」，已非關「求不求」之問題，亦不是「志願」大小之問題，為「佛子」者則皆可得之，若謂此是《法華經》之妙旨，不如言是「佛法」之殊勝。

三、眾生種性各有別，故不即說一切種智

《法華經》之妙旨，主在佛為眾生之種種演說諸法，是法皆為一佛乘，此旨於〈序品〉與〈方便品〉中即已揭示甚明。惟「妙旨」雖明，卻與學人早已熟習有「三乘法」不同調，故如何將「一佛乘」與「三乘法」相合融且為之說明，此為《法華經》繼一佛乘妙旨之闡述後，所欲大力宣揚之部分。《法華經》於〈譬喻品〉中，以「三車」喻「三乘法」，此乃依學人所好不同而為之說明有開三乘法之必要性。另為說明三乘學人皆可同得佛之法雨潤澤，故有「藥草」之喻，如〈藥草喻品〉所云：

11　大正 9・17 下。

> 世尊告迦葉：譬如三千大千世界，山川谿谷，土地所生，
> 卉木叢林，及諸藥草，種類若干，名色各異。密雲彌布，
> 遍覆三千大千世界，一時等澍其澤普洽，卉木叢林及諸藥
> 草，小根小莖、小枝小葉，中根中莖、中枝中葉，大根大
> 莖、大枝大葉，諸樹大小，隨上中下，各有所受。一雲所
> 雨，稱其種性而得生長，華果敷實，雖一地所生，一雨所
> 潤，而諸草木，各有差別。[12]

「藥草」之特點在於治病，各藥草各具特性，故其所能治癒
之病亦各不同，然「藥草」及諸卉木，皆由一地所生、為一雨所
潤，其「地」與「雨」雖同「一」，此喻佛唯開一乘法；然各藥草
卉木之容受各不同，其間有大中小之差異，此喻佛之大法雨是普
覆，但眾學人「容受」不同，故有「三乘學人」之不同出現，唯
三乘學人實皆受「佛智」之引導則無不同，如云：「如來是諸法之
王，若有所說，皆不虛也。於一切法以智方便而演說之。其所說
法，皆悉到於一切智地。如來觀知一切諸法之所歸趣，亦知一切
眾生深心所行，通達無礙。又於諸法究盡明了，示諸眾生一切智
慧。」[13]佛將已具無量無邊阿僧祇功德，全然示諸眾生，故於佛
而言，確惟然只有「一佛乘」。今《法華經》以「藥草」蒙雨潤澤，
「雨」（佛智）為同一，「藥草」（學人）各異，此喻可明「一佛乘」
與「三乘法」之關係；若僅以「藥草」（學人）論之，其蒙「雨」
潤澤「後」所產生之不同發展（知見）趨向，其喻又可分為二：

1. 住最後身有餘涅槃：據智顗之論：「藥草叢育日久，一蒙

---

[12] 大正9‧19上-中。
[13] 《法華經》〈藥草喻品〉，大正9‧19上。

雲雨,扶疏暐曄。芽莖豐蔚於外,力用充潤於內。譬諸無漏,住最後身有餘涅槃,更不願求無上佛道。今得聞經,自乘佛乘,兼以運人。文云:我等今日真是聲聞,以佛道聲令一切聞,內外自他具勝力用。」[14]依佛本懷,佛自始唯開一乘法,「三乘」是學人因所好(聲聞:自求涅槃,辟支佛:樂獨善寂,菩薩:愍念安樂無量眾生)而形成之,故今於法華會上,雖蒙佛之法雨,明一切眾生皆本具阿耨多羅三藐三菩提,然如是無上妙法,是否立即能為眾生所信解,如來亦知之,[15]學人若不能明佛之說法有隨宜說,而自謂已得涅槃,當學人不願再志求無上佛道,佛之一相、一味之一切種智法,亦終無益於聲聞學人。

2. 破無明惑,開佛知見:引智顗之論:「夫藥草者,能除四大風冷,補養王臟,還年駐色。今蒙雲雨,忽成藥王。餌之遍治眾病,變體成仙。譬諸無漏,聞經破無明惑,開佛知見。文云:我等今日真是佛弟子,無上寶聚,不求自得。佛子所應得者,皆已得之。面於佛前,得受記莂。」[16]由「藥草」而成「藥王」,其中之關鍵在「雲雨」之滋潤,雲雨為日月之精華孕育而成;此喻眾生之根器雖各異,但若能誠心接受佛知見之引導,必能破無明見思之惑而開佛之知見,而聲聞弟子亦必是真佛子,終得佛之授記。

佛之大法語普遍佈無量無邊法界,此為佛之「一音」;佛之宣

---

[14] 隋‧智顗《法華文句》卷7上〈釋藥草喻品〉,大正34‧90中-下。

[15] 《法華經》〈藥草喻品〉云:「唯有如來,知此眾生種、相、體、性。……眾生住於種種之地,唯有如來,如實見之,明了無礙。如彼卉木叢林諸藥草等,而不自知上中下性,如來知是一相、一味之法。所謂解脫相、離相、滅相,究竟涅槃常寂滅相,終歸於空。佛知是已,觀眾生心欲而將護之,是故不即為說一切種智。」(大正9‧19中-下)。

[16] 隋‧智凱《法華文句》卷7上〈釋藥草喻品〉,大正34‧90中-下。

法，眾生各依所求而各取所需、所解，唯佛之法義能令一切眾生得益，此為佛之「圓音」。依佛之一音、圓音而論，則佛之法義是為「一」，亦是「多」；「一」即代表佛之法義是一相、一味；「多」代表佛之法義能令各學人得蒙法益。然一切法終歸於空，此喻佛之佈「雲雨」是依時、地、事、因緣，終有停歇之期；眾生能否信解才是重點，此喻藥草根性有大中小，容受各有不同；眾生蒙佛法義之引導後，是住有餘涅槃或破無明開佛知見，其關鍵在眾生，此喻佛終讚聲聞弟子：「汝等迦葉，甚為希有，能知如來隨宜說法，能信能受，所以者何？諸佛世尊隨宜說法，難解難知。」[17]聲聞弟子終為真佛子，亦知眾生亦終無有「定性」（不可變）之「根器」，法華之妙旨在言眾生之「本願」與佛等同，而不僅以「根器」論斷眾生。

四、設「二涅槃」是「於中道為止息」

佛具無量無邊阿僧祇功德，而佛如恆沙功德藏之得證，實來自於無法譬喻之數劫精勤修持而成就，故佛「經」常以「乃往過去無量無邊不可思議阿僧祇劫，爾時有佛……」為始，佛之修證過程無法譬數，佛之功德不可思議，此為「佛經」予常人之印象，且為示明法界之不可窮盡，更以一毫毛具百千萬億微塵數剎，且一毫毛更有百千萬億不可數之毫毛，此「法界」層層無盡之描繪，則以《華嚴經》之敷陳為一代表，如是，皆在展現「佛功德」不可思議，「佛法義」無量無盡，若於學人而言，欲「修證成佛」，

---

17 《法華經》〈藥草喻品〉，大正 9‧19 下。

可謂難！難啊！然亦正因「佛」之莊嚴德相，實亦引發眾生修學
之動力，在基於佛法義之多面時，眾生在各聞法義而受用時，常
以到此「滅度」為止，此一方面是眾生之心志弱，另一方面亦是
「疲厭」感產生，欲有「中站」之「休憩所」，此即是《法華經》
之「化城」喻。於〈化城喻品〉中，佛所強調亦是「唯一佛乘得
滅度」，如云：

> 世間無有二乘而得滅度，唯一佛乘得滅度耳！比丘當知，
> 如來方便深入眾生之性，知其志樂小法，深著五欲，為是
> 等故說於涅槃。是人若聞則便信受，譬如五百由旬險難惡
> 道，曠絕無人怖畏之處。……如來亦復如是，今為汝等作
> 大導師，知諸生死煩惱，惡道險難長遠，應去應度。若眾
> 生但聞一佛乘者，則不欲見佛，不欲親近，便作是念：佛
> 道長遠，久受勤苦，乃可得成佛。知是心怯弱下劣，以方
> 便力而於中道為止息故，說二涅槃。若眾生住於二地，如
> 來爾時即便為說：汝等所作未辦，汝所住地近於佛慧，當
> 觀察籌量，所得涅槃，非真實也。但是如來方便之力，於
> 一佛乘分別說三。如彼導師為止息故，化作大城。既知息
> 已而告之言：寶處在近，此城非實，我化作耳！[18]

　　人「行進」之源動力來自於「目標」，而目標之明確與可預期
性，將更趨使人奮力向前，反之，若見不到目標，或目標遙遙無
望，著實令人易生疲倦之感，若意志不堅者，則往往中途放棄，

---

[18] 大正 9・25 下-26 上。

此於人生之歷程如是，於佛道之修證上更是如此。佛知眾生精進
力不足，意志力薄弱，故以「二涅槃」為一「中道止息」處，眾
生亦以此為修證目標，此即是聲聞乘終以追求「涅槃」、「滅度」
為目標；然佛所言說之「二涅槃」目標，是引眾生出三界火宅之
動力，亦正因涅槃、滅度之方便引導，終成就眾多之聲聞學人，
此為「涅槃、滅度」說之貢獻。惟「佛」終不入滅，其度眾之本
懷是遍無量之法界，於此世間入滅，於另一國土（法界）亦必繼
續其度眾之行，故佛云：「我滅度（當世之色身）後，復有弟子不
聞是經（《法華經》），不知不覺菩薩所行，自於所得功德生滅度想，
當入涅槃。我於餘國作佛，更有異名。是人雖生滅度之想，入於
涅槃，而於彼土求佛智慧，得聞是經，唯以佛乘而得滅度，更無
餘乘。」[19]佛以涅槃說而引導聲聞學人，聲聞學人雖未達佛境，
但其「住地」已「近於佛慧」，故當聲聞學人入於「自所得功德生
滅度想」時，佛將再引其出「滅度」、「涅槃」之「中道（途）止
息」處；於修證佛道而言，所謂「滅度」只有「佛乘」可得，餘
乘則無所謂取證滅度與否之問題，因佛之演法向來只有一佛乘，
並無有其他之諸乘，既不存在有聲聞二乘，故所謂聲聞弟子欲取
滅度入於涅槃，則幻化不實。

「化城」之「化」是「暫化」之意，故「化城」並非真實，
佛以「化城」喻為「二涅槃」，實為說明並無有「二涅槃」之說，
佛之演法其真實義只有「究竟佛乘」，除此皆為方便說。佛開方便
說，實為眾生於修證佛道上，於無法譬數之劫中，對於佛果之取
證，能不生疲厭心，故特設「休憩站」，此即為「涅槃」說；然佛

---

[19] 《法華經》〈化城喻品〉，大正 9．25 下。

之得證阿耨多羅三藐三菩提，實已超越一切時、空間之設限，即以「普賢十大行願」為論，其中之每一行願亦皆是「念念相續，無有疲厭」，此為佛、菩薩之心志。唯於眾生而言，遙遠而不見終境之修證，是令人生畏懼的，一旦起畏懼，則難再向佛道上而行，此即佛設「二涅槃」為「化城」之用意；待眾生於「二涅槃」住地上，再聞佛之薰習，明佛道無有「二涅槃」，然「二涅槃」已近寶處（一佛乘），唯「二涅槃」並非真實究竟地，當眾生住二涅槃已訖，佛再引眾生出「化城」以達佛境，此為佛之本懷，〈化城喻品〉之文末云：「諸佛之導師，為息說涅槃，既知是息已，引入於佛慧。」[20]《法華經》之譬喻，終只為「唯有一佛乘」而設，為「息」（眾生之中憩站）故分別說三乘，言「三」是「迹」、是「化城」，言「一」是「本」、是「真實處」。

20　大正 9．27 中。

肆、《法華經》「顯實」之內涵

一、以「中說」為「圓說」

歷來於《法華經》二十八品之架構分別，各有不同之論，然皆以〈序品〉為一「序段」或「序分」則所持大抵相同。智顗於《法華文句》〈釋序品〉下有一小注曰：「佛出世難，佛說是難，傳說是難，傳譯此難，自開悟難，聞師講難，一遍記難。」[1]此「六難」已點出欲聞《法華經》開演實為不易之事，且兼之欲將此經廣為弘揚則更顯其「難」。今先就〈序品〉之內容作一分析，約有如下數點意旨：

1. 眾菩薩、阿羅漢、有學無學、天子與龍王等圍遶之意義：《法華經》採「會三歸一」之「中說」（圓說）。

多數佛經皆有一特色，即於起首即先點明時、地、人、事等因緣，《法華經》之〈序品〉亦然如是。於「人」（四眾弟子等）之圍遶上，遍及「諸漏已盡，無復煩惱，逮得己利，盡諸有結，心得自在之眾所知識之大阿羅漢。」[2]以及「皆於阿耨多羅三藐三菩提不退轉，皆得陀羅尼，樂說辯才，轉不退轉法輪，供養無量百千諸佛，於諸佛所，植眾德本，常為諸佛之所稱歎，以慈修身，善入佛慧，通達大智到於彼岸，名稱普聞無量世界，能度無數百

---

[1] 隋・智顗《法華文句》卷1上〈釋序品〉，大正34・1中。
[2] 大正9・1下。

千眾生之菩薩摩訶薩等。」[3]佛法將生命之自我境界分為「十法界」，此「十法界」若依個別眾生而言，則有「十層次」之別；然若將「十法界」僅依「個人生命境界」而論，則「十法界」可於「一念中」而往來自由，此即天台家之「一念三千」義：一意念可通遍三千大千世界。此「十法界」之上昇或下降皆無阻礙遮攔，皆可於自我一意念間而定之，此一方面為「德性自由義」，另一方面更為彰顯成佛之關鍵在「己」不在「他」。依「法界」，「佛」當為最高之成就，其次即為「菩薩」、「阿羅漢」、「辟支佛」，此即稱為「四聖」，惟「聖」界尚有層次之分。「佛」為最圓滿、圓善者，其每一次之「演法」，即代表「佛法義」將傳佈世間，此中又因成佛難，故智顗言：「佛出世難、佛說是難」。《法華經》為佛之最「圓」說，於佛說法之前先展現各法界眾生之圍遶，實為佛之開演是一「難」得之事而做敷陳；佛之一念欲演說法，其意念即已遍佈無量法界，於各法界眾生而言，則是甚希有、罕聞之事。又佛之威德可感得各法界之圍遶，亦可彰顯佛智之不可思議處。依修證而言，菩薩摩訶薩與阿羅漢皆代表於「心地」上已具「超凡」之境，唯如是修證已稍有心得者，尚渴仰望於佛之教化，則其他法界眾生將更深盼之。據智顗之論：「答廣則令智退，略則意不同，我今處中說，令義易明了。因緣亦名感應，眾生無機，雖近不見。慈善根力，遠而自通，感應道交故，用因緣釋也。夫眾生求脫，此機眾矣！聖人起應，應亦眾矣！」[4]《法華經》起首之眾法界圍遶，其所演義，若「廣」、若「略」皆無法盡攝之，故採「處中說」，此即為法華之法義指向，不採法相之敷陳，但

---

[3] 大正 9‧2 上。
[4] 隋‧智顗《法華文句》卷 1 上〈釋序品〉，大正 34‧2 上。

論三乘可會歸為一乘，此可兼攝三乘人，此一方面是佛說法之「因緣」義，佛知三乘人之根機已熟，今可開演「但唯有一乘法」；另一方面是法界眾生之品類雖各有不同，但皆為求得解脫則為「同」，佛因圍遶之機眾，故佛之應亦將能廣面符合眾生之所求，而法華開三顯一，可涵括一切，此即是「圓」義，而「圓」即是「中」道義。

> 2. 佛放眉間白毫相光，照東方萬八千世界之意義：欲令眾生聞知一切世間難信之法。

天人法界大眾之圍遶，此為場景之盛大，而佛放眉間白毫相光，此為佛本身所顯之「瑞相」，依此「瑞相」則代表佛將有所「示」；此「瑞相」之「示」所蘊涵之深義，由代表大智之文殊師利而語：「善男子等！如我惟忖，今佛世尊，欲說大法、雨大法雨、吹大法螺、擊大法鼓、演大法義。諸善男子！我於過去諸佛，曾見此瑞，放斯光已，即說大法。是故當知，今佛現光，亦復如是。欲令眾生咸得聞知一切世間難信之法，故現斯瑞。」[5]佛現瑞光是為說「一切世間難信之法」，且佛之瑞光所照為「靡不周遍，下至阿鼻地獄，上至阿迦尼吒天。於此世界，盡見彼土六趣眾生。」[6]佛之瑞光所照可謂上通天、下至地，亦見佛演難信之法，非僅針對菩薩、阿羅漢眾而已，實是一切法界眾生皆將為其所攝，以顯佛之說法將是「自在、自如」說：「為求聲聞者，說應四諦法，度生老病死究竟涅槃。為求辟支佛者，說應十二因緣法。為諸菩薩說應六波羅蜜，令得阿耨多羅三藐三菩提成一切種智。」[7]佛於過往

---

[5] 大正9‧3下。
[6] 大正9‧2中。
[7] 大正9‧3下。

之演法,皆爲應衆生之機不同而演不同之法,此中雖有法義淺深之不同,然皆爲度化衆生則同。今佛於天人大衆圍遶下,是「爲諸菩薩說大乘經,名無量義教菩薩法,佛所護念。」[8]此爲法華之殊妙處,法華所涵攝之對象是一切「天人大衆」,衆生之質或機雖各有不同,然法華所教之內涵一皆是「大乘經、菩薩法」,且爲「佛所護念」,此已確然明示《法華經》是「大乘法」,是爲欲令一切衆生皆可得證阿耨多羅三藐三菩提。

　　3. 《法華經》作〈序〉之意義:爲正直捨方便,但說無上佛
　　　道。

　　於《法華經》之架構分析上,約略可分爲:序分、正宗分與流通分,據智顗之論:「如來自在神通之力,師子奮迅大勢威猛之力,自在說也。以如是等故,有序分也。衆見希有瑞,顒顒欽渴,欲聞具足道,佛乘機設化,開示悟入佛之知見,故有正說分也,非但當時獲大利益,後五百歲遠沾妙道,故有流通分也。」[9]序、正宗(說)與流通,大抵爲「佛經」主要架構之分法,因「佛經」不僅僅是一思想作品,其真正目的在啓信衆生而能依法修行,且以傳佈流通於未來爲一重要指標,在此之作用下,則大抵以佛之瑞相、威光、功德爲序分之內容,以吸引衆生;而正宗(說)分則爲本經之主要內容;另流通分則爲佛之付囑弘揚。惟《法華經》之〈序品〉,佛現瑞相特有其義,如智顗所言:「此序非爲人天清升作序,非爲二乘小道作序,不爲即空通三作序,不爲獨菩薩法作序。乃爲正直捨方便,但說無上佛道作序耳!此正不指世間爲正,不指螢光析智爲正,不指燈炬體法智爲正,不指星月道種智

---

[8] 大正 9・2 中。
[9] 隋・智顗《法華文句》卷 1 上〈釋序品〉,大正 34・2 下。

為正，乃指日光一切種智為正。」[10]《法華經》之〈序品〉雖亦有如大多數之佛經般，佛於天人大眾圍遶下而現瑞相以啟信眾生，然法華之〈序〉是重在「說大乘經，名妙法蓮華，教菩薩法，佛所護念。」[11]此為法華〈序品〉之重點，故如智顗所論，此〈序〉不為人天清升、二乘小道與獨菩薩法而為之，因如此之法是為「小」、是為「獨」，此皆是方便、不究竟處，故曰法華之〈序〉是「為正直捨方便」，一切方便法皆為權法，權法為一時應機而已，權法亦終需歸入於實法，實法即「正直」不偏倚，依佛法之修證而言，成就一切種智、得證無上佛道即是正法、實法，故於《法華經》〈序品〉末長偈前之結述是：「今見此瑞，與本無異。是故惟忖。今日如來當說大乘經，名《妙法蓮華》，教菩薩法，佛所護念。」[12]

佛之說法，無非欲令眾生依法而悟道，本《法華經》以「蓮華」為經名之譬喻，惟「蓮華出水不染淤泥」此為蓮華之殊妙處，亦在彰顯眾生本六根清淨、五蘊皆空，眾生若能如「蓮華」之向上昂昇，以成正覺本為不難，唯難在陷淤泥而自甘墮落，如是終輪迴於生死之域中。《法華經》之啟始是〈序品〉，而〈序品〉所論唯在佛將「助發實相義」，凡有欲求三乘者，佛皆為其護念，「令得阿耨多羅三藐三菩提成一切種智」，使其無有疑悔。《法華經》〈序品〉已然肯定《法華經》之指向是「大乘法」，且以「日光一切種智為正」，「日光」代表「陽」，異於「星月」必倚「陰」，此亦正喻一切眾生心性本如日光明亮、日正當中，修證成佛當無有

---

[10] 隋·智顗《法華文句》卷1上〈釋序品〉，大正34·2下。
[11] 大正9·4上。
[12] 大正9·4中。

疑慮。

二、以「方便」為「究竟實法」

法華是以「圓教」義而稱「妙」，然就「修證」歷程而言，此中是有淺深高下之別，且兼之尚有利根、鈍根之異，如何會「別異」而入「圓」，此即《法華經》之重心。雖言法華是依眾生之「本願」而總可會歸為「一乘圓教」，然眾生於累劫流轉生死中，且「本願」是「遠劫」前之事，恐早已淡忘難憶，如何令眾生相信「遠劫本願」早已證入阿耨多羅三藐三菩提，其關鍵在「引導」之方法，而此亦可謂是《法華經》所稱之「方便」法，此雖是權宜之計，然若不開「權」：確然分列修證有三乘之不同，此可令眾生相信當下修證之階次等級；又如何呈顯「實」：令眾生憶念遠劫本願，惟然已得證正等菩提，無有疑慮。天台宗向以《法華經》能「顯實」而稱之為「圓」、為「妙」，而《法華經》論「實」之理約有如下數點：

1. 諸法實相之理，唯佛與佛乃能究盡：

釋尊一生之行遊教化，因應不同眾生而開演不同法門，故依「法義」而論則有淺深之差異，然釋尊之本懷，無非欲令眾生明諸法實相之理，入佛之知見以證佛果。唯法門既有不同，且此為釋尊已說之部份；而今法華之開演，異於前之諸經法門，其意趣究竟為何？如〈方便品〉所云：

> 世尊告舍利弗：吾從成佛已來，種種因緣、種種譬喻，廣演言教，無數方便引導眾生，令離諸著。舍利弗！如來知

見廣大深遠，成就一切未曾有法。舍利弗！如來能種種分別巧說諸法，言辭柔軟，悅可眾心。取要言之，無量無邊未曾有法，佛悉成就。佛所成就第一希有難解之法，唯佛與佛乃能究盡諸法實相。所謂諸法如是相、如是性、如是體、如是力、如是作、如是因、如是緣、如是果、如是報、如是本末究竟等。[13]

　　釋尊以方便（種種因緣、譬喻）攝一切法，一切法於諸法實相之理而言，則恍若虛空包括一切色相，又如大海廣納支流，任何法門皆只是實相理中之一分耳！釋尊之巧說但為悅可眾心，然釋尊又明示諸法實相「唯佛與佛乃能究盡」，故依佛意：廣演言教，但為眾生；而諸法實相，唯佛得入。此中已明分眾生與佛之不同，而眾生又當如何才能得入佛所究盡之實相呢？若演教是「權」，入「實相理」為「實」，此「權」與「實」又要如何會融之？此可據智顗之論：「今明權實者，先作四句。謂一切法皆權、一切法皆實、一切法亦權亦實、一切法非權非實。一切法權者，如文云：諸法如是性、相、體、力、本末等，介爾有言皆是權也。一切法實者，如文：如來巧說諸法，悅可眾心；眾心以入實為悅。又諸法從本來，常自寂滅相。又云：如來所說皆悉到於一切智地。又云：皆實不虛。一切法亦權亦實者，如文所謂：諸法如實相。是雙明一切亦權亦實。例如：不淨觀亦實亦虛。一切法非權非實者，文云：非如非異。又云：亦復不行上中下法、有為無為、實不實法、非虛非實如實相也。」[14]釋尊之「色身」終有盡，其以「出家相」

[13] 大正9‧5下。
[14] 隋‧智顗《法華文句》卷3上〈釋方便品〉，大正34‧37上-中。

而轉法輪，必有圓盡之一日，故釋尊亦示現「涅槃相」。依釋尊演
法之歷程而言，於法義之分析上，至「圓教」時，其必爲「實」
際理地之呈現，故在以法華爲圓教義之背景下，一切法（權）必
終將入爲圓（實）。智顗爲明「權、實」而分列爲四：權、實、亦
權亦實、非權非實。然此「權實四分法」，實際只有唯一「實」法，
其因在：有言說者是「權」；然有所言說，則終歸寂滅，亦終爲「實」；
而所謂「實相」是「無相實相、實相無相」，「實相」必離兩邊，
非執有或無；故亦權亦實或非權非實，亦終爲「實」法。

　　2. 實法是爲開佛之知見：

　　於《法華經》〈方便品〉中，當釋尊稱歎以「無數方便引導眾
生」，又言：「佛成就第一希有難解之法」與「唯佛與佛乃能究盡
諸法實相」後，此即引起佛之眾弟子們心之所慮：「佛說一解脫義，
我等亦得此法，到於涅槃。」[15]釋尊之演法，無非欲令眾生解脫
生死煩惱以入涅槃，此當爲佛說，亦是眾弟子們之證悟。於今釋
尊在《法華經》中：「慇懃稱歎諸佛第一方便，甚深微妙難解之法。」
[16]以致令四眾弟子們咸皆有疑，唯願釋尊敷演斯事，終經舍利弗
三請後，佛告舍利弗曰：

　　　我今此眾無復枝葉，純有貞實。佛告舍利佛：如是妙法，
　　　諸佛如來時乃說之，如優曇鉢華時一現耳！汝等當信佛之
　　　所說，言不虛妄。舍利弗！諸佛隨宜說法，意趣難解。所
　　　以者何？我以無數方便，種種因緣譬喻、言辭演說諸法，
　　　是法非思量分別之所能解，唯有諸佛乃能知之。所以者何？

---

[15]　大正9‧6中。
[16]　大正9‧6中。

> 諸佛世尊唯以一大事因緣故出現於世。諸佛世尊欲令眾生
> 開佛知見，使得清淨，故出現於世。欲示眾生佛知見，故
> 出現於世。欲令眾生悟佛知見，故出現於世。欲令眾生入
> 佛知見道，故出現於世。舍利弗！是為諸佛以一大事因緣
> 故出現於世。[17]

　　「權」法之開演是諸經之目的，於權法之開演中，是以得證「涅槃」為究竟，於此，四眾弟子中已然有甚多人成就之，而涅槃之證入既已為究極，而釋尊今以「法華」是「非思量分別之所能解，唯有諸佛乃能知之。」此即對已證入「涅槃」自以為究竟之否定，故舍利弗三請釋尊時，即產生一現象：「會中有比丘、比丘尼、優婆塞、優婆夷五千人等，即從座起，禮佛而退。所以者何？此輩罪根深重及增上慢，未得謂得，未證謂證，有如此失，是以不住。世尊默然而不制止。」[18]當會中「不住」者退出，釋尊之態度是「默然不制止」，而釋尊於後所言：「今此眾無復枝葉，純有貞實」，即說明法華妙義唯上根人（真實者）堪受之，然法華妙義並非不曾言說，而是「諸佛如來時乃說之，如優曇鉢華時一現耳！」換言之，釋尊於各法門之開演中，已明示一切「法」皆為「權」，而一切眾生本已如諸佛同入阿耨多羅三藐三菩提，唯眾生難解諸佛隨宜說法之真正意趣。釋尊是於自證悟後，才開始轉法輪，故其在引導眾生之過程中，亦必以其自證悟之境地為引領之目標，而「自證悟」本「非思量分別之所能解」，「法」為思量分別說，故法法各有不同，而人人之所思亦必有差別，此皆非依「證悟」而

---

[17] 大正 9・7 上。
[18] 大正 9・7 上。

言，此亦非佛出現於世之因緣。《法華經》特言佛以一大事因緣故出現於世，此一大事因緣即是：欲令眾生開示悟入佛之知見，而其中唯以「入佛知見」才能與佛同等證得阿耨多羅三藐三菩提。

3. 一切法皆為「一佛乘」：

若佛於各經論中所開演之法皆是引導方便之權說，然一切之權說必有一目的，即為指向一「究竟之實法」，依是而視「法」，則法有「權」、「實」之分；然《法華經》之義，卻不論別「權」與「實」之異，唯論「一佛乘」而已，如〈方便品〉所云：

> 佛告舍利弗：諸佛如來，但教化菩薩，諸有所作，常為一事。唯以佛之知見示悟眾生。舍利弗！如來但以一佛乘故為眾生說法，無有餘乘，若二若三。舍利弗！一切十方諸佛法亦如是。
>
> 舍利弗！過去諸佛以無量無數方便，種種因緣、譬喻、言辭，而為眾生演說諸法，是法皆為一佛乘故。是諸眾生從諸佛聞法，究竟皆得一切種智。
>
> 舍利弗！未來諸佛當出於世，亦以無量無數方便，種種因緣、譬喻、言辭，而為眾生演說諸法，是法皆為一佛乘故。是諸眾生從佛聞法，究竟皆得一切種智。
>
> 舍利弗！現在十方無量百千萬億佛土中，諸佛世尊多所饒益安樂眾生，是諸佛亦以無量無數方便，種種因緣、譬喻、言辭，而為眾生演說諸法，是法皆為一佛乘故，是諸眾生從佛聞法，究竟皆得一切種智。
>
> 舍利弗！是諸佛但教化菩薩，欲以佛之知見示眾生故，欲以佛之知見悟眾生故，欲令眾生入佛知見故。舍利弗！我

今亦復如是，知諸眾生有種種欲，深心所著，隨其本性，
以種種因緣、譬喻、言辭、方便力故，而為說法。舍利弗！
如此皆為得一佛乘、一切種智故。舍利弗！十方世界中尚
無二乘，何況有三。[19]

〈方便品〉中佛告舍利弗，特舉過去、未來與現在，一切諸
佛之教化演說，唯然只有一事，即「究竟皆得一切種智」，此即意
謂：《法華經》「唯論一佛乘」之說，非為「現在」說而已，實「過
去」與「未來」亦必如是；此亦印明「佛」之「演法」與「授記」
只為一事，即為得「一切種智」故。《法華經》既以「實」法為諸
佛之教化目的，然又言開三乘法是隨眾生之本性，是以「種種因
緣、譬喻、言辭」為方便而說；惟三乘人依「方便法」而修，亦
能得至涅槃之境地，而今又特以「方便」為言，故令三乘者疑慮，
究竟何者為「真實」？此是三乘者之疑，亦是法華之妙義所在。《法
華經》以「方便」為品名，並於〈方便品〉中開「諸佛唯論一佛
乘，無二亦無三」，「方便」即是「善權」，而「開權顯實」為法華
之義，唯對於「方便」與「權」之關係，據智顗之論：「問方便與
權云何？答：四句分別。自有方便破權，權破方便，方便修權、
權修方便，方便即權、權即方便。方便破權者，四種皆是秘妙之
方便，此方便破隨他意權也。權破方便者，權是同體之權，破於
體外之方便也。三句可釋他經。第四句今品意也。故《正法華》
名〈善權品〉，權即方便，無二無別。低頭舉手皆成佛道，方便善
權皆是真實也。」[20]佛以無量數之譬喻言辭為眾生說法，此即千

---

[19] 大正 9・7 上-中。
[20] 隋・智顗《法華文句》卷 3 上〈釋方便品〉，大正 34・36 中-下。

經萬典之流傳，此為有所說，既為「有所說」則是「方便」，亦是「權」，一切權法本亦是善巧方便；然千經萬典但為一事，為引眾生入佛知見、得一切種智，此為眾生之「自證悟」，故佛本「無所說」，此即是「實」，此亦是以「釋尊四十九年實未言一字」而論之。《法華經》為「圓教」說，是佛法之究竟圓滿地，故其內涵當必能總攬佛「有所說」之「千經萬典」，與眾生皆本「自證悟」之「無所說」兩大部份；而今特言「方便善權皆是真實」，此說在表達並不否定千經萬典之種種譬說方便之呈現；但《法華經》一再論說「唯一佛乘」，此即對佛法究竟真實義之必然肯認。

4. 開三乘之因，實為恆順眾生故：

佛以引眾生入佛知見之一大事因緣故出現於世，換言之，佛但為對眾生言明「一切眾生皆本是佛」而出現於世，此即《法華經》之目的。以遠劫本願而論一切眾生，則無佛與眾生之別，實則一切眾生皆本是佛；若依「本願」而論，實亦不需有「演法」之必要；然「本願」為久劫之事，於眾生而言實難憶念，以是知諸佛之出現於世教化眾生，則其世應多為「濁」，而少為「淨」（除有特殊之願力），故〈方便品〉有云：

> （佛告）舍利弗！諸佛出於五濁惡世，所謂劫濁、煩惱濁、眾生濁、見濁、命濁。如是舍利弗！劫濁亂時，眾生垢重。慳貪嫉妒，成就諸不善根故。諸佛以方便力，於一佛乘，分別說三。舍利弗！若我弟子，自謂阿羅漢、辟支佛者，不聞不知諸佛如來但教化菩薩事，此非佛弟子、非阿羅漢、非辟支佛。又舍利弗！是諸比丘、比丘尼，自謂已得阿羅漢，是最後身究竟涅槃。便不復志求阿耨多羅三藐三菩提，

當知此輩皆是增上慢人。所以者何？若有比丘實得阿羅漢，若不信此法，無有是處。除佛滅度後，現前無佛。所以者何？佛滅度後，如是等經，受持、讀誦、解義者，是人難得。若遇餘佛，於此法中，便得決了。舍利弗！汝等當一心信解、受持佛語。諸佛如來言無虛妄，無有餘乘，唯一佛乘。[21]

　　五濁惡世爲眾生所處之世間，依眾生之「本願」，理應居於「淨土」；而「濁」之產生，起於眾生之「隨性」使然，正因眾生之隨性故，才有「於一佛乘，分別說三」之現象，且爲度化眾生，則「恆順眾生」當爲一重要入手處，而「普賢之十大行願」，其第九大行願即爲「恆順眾生」，此即如四十《華嚴經》卷 40 所云：「言恆順眾生者，謂盡法界、虛空界、十方刹海，所有眾生種種差別。所謂卵生、胎生、濕生、化生，或有依於地水火風而生住者，或有依空及諸卉木而生住者，種種生類、色身、形狀、心性……我皆於彼，隨順而轉，種種承事、供養，如敬父母，如奉師長及阿羅漢，乃至如來，等無有異。於諸病苦，爲作良醫。於失道者，示其正路。於闇夜中，爲作光明。於貧窮者，令得伏藏。菩薩如是平等饒益一切眾生，何以故？菩薩若能隨順眾生，則爲隨順供養諸佛。若令眾生歡喜者，則令一切如來歡喜。何以故？諸佛如來以大悲心而爲體故，因於眾生而起大悲；因於大悲，生菩提心；因菩提心成等正覺。」[22]「恆順眾生」是「隨順而轉」，並非是隨順眾生之惡而惡，而是於「隨順」中，視眾生之種種不善處而「轉」

---

21 大正 9・7 中-下。
22 大正 10・845 下-846 上。

之爲善，此爲「恆順」之義；「恆順」是入手處，能親近承事供養衆生，才與能衆生相處，度化之可能性亦將增大，而「轉」是確然實際助衆生能返轉爲光明正路。雖言世間爲五濁惡世，然五濁惡世亦可轉爲清淨佛土，此唯有力行「恆順衆生」，故成就正等正覺之根在「衆生」，依衆生之苦而興大悲，亦因大悲而成佛果，以是經言：「一切衆生而爲樹根，諸佛菩薩而爲華果。是故菩提屬於衆生，若無衆生，一切菩薩終不能成無上正覺。」[23]虛空不盡則衆生亦將不盡，而菩薩之度衆亦必無有窮盡，此爲《華嚴經》普賢十大行願之「特說」；將此比之《法華經》，分別說三是「方便力」，此即是爲「恆順衆生」而然；而「無有餘乘，唯一佛乘」，即是以「志求阿耨多羅三藐三菩提」爲究竟，而以「自謂已得阿羅漢，是最後身究竟涅槃」爲「增上慢人」，顯然《法華經》之用意亦在使自謂得證涅槃者能「轉」而爲返諸「本願」上。法華雖以「一佛乘」爲「實」法，然爲恆順衆生不得不開三乘權法，若依法華「本願」論，則一切之權法亦終是實法，故唯然只有「一佛乘法」，此爲法華之實義。

三、以「融開權顯實」爲「實」

佛演法之目的，是爲令衆生由信而解、行，而啓信之首在於「能會意法義」，然佛應答學人之問，有時「廣」、有時「略」，此乃應機不同所致，唯如云：「答廣則令智退，略則意不周」，此即意謂不論佛一時之應答方式爲如何，總有攝化不到之部份，而佛

---

[23] 四十《華嚴經》卷 40，大正 10・846 上。

於《法華經》是採：「我今處中說，令義易明了。」如何才能令眾生會意佛法，才是重點；佛於前之諸經中，於法義敷陳上有淺有深，然尚未「顯實」，故未臻究竟處。今《法華經》既開「方便」（權），又言「究竟」（實），此即後世所謂「開權顯實」說，然所謂前之「開權」是爲後之「顯實」，此則爲前諸經之內涵，而《法華經》既被判爲「圓說」，故若再以「開權顯實」以論《法華經》，則有不甚妥當之處（不足以謂之爲「圓」）。智顗爲論《法華經》之「開權顯實」是不同於前之諸經，以諸經之「開權」，是爲後於《法華經》再「顯實」，此爲二分法，二分法即是方便法、權法，此爲各諸經之義理，非是《法華經》之性格，故智顗特以「權、實」之關係以論《法華經》爲「圓」之義：

> 諸教雖同有權實，權實不同，或一向實，或一向權，或權實相兼，皆是稱當機情，緣理未融。今總就教判權實，若約三藏通別，三教是權，圓教爲實。又諸教權實未融爲權，既融開權顯爲實。今《法華》是一圓故爲實，又開權故爲實。若就圓教爲語，照前三教三十麁爲權，照十妙爲實。若就開權圓融爲語，決於三十麁皆成妙，但稱爲實，是故稱妙。若取悟理者，理即非權非實，不見一法，空拳誑小兒說權說實，是則爲麁，理則非權非實，是故爲妙也。[24]

但觀《法華經》經文，文中以譬喻爲論「方便」，且設〈方便品〉，如是皆看出《法華經》有甚多論「方便」之文，然再細思其

---

[24] 隋・智顗《法華玄義》卷7上，大正33・764上-中。

所顯之義,實未言「權」法,因《法華經》文中未具任何法義之論述,其「譬喻」只能稱之為一種「輔助說明」而已,其經中終究只言一件事,即是「得證阿耨多羅三藐三菩提」,此即如〈譬喻品〉所云:「如彼長者具諸子等安隱得出火宅,到無畏處,自惟財富無量等以大車而賜諸子。如來亦復如是,為一切眾生之父,若見無量億千眾生,以佛教門出三界苦,怖畏險道得涅槃樂,如來爾時便作是念:我有無量無邊智慧、力、無畏等諸佛法藏,是諸眾生皆是我子,等與大乘,不令有人獨得滅度,皆以如來滅度而滅度之。是諸眾生脫三界者,悉與諸佛禪定解脫等娛樂之具,皆是一相一種,聖所稱歎,能生淨妙第一之樂。」[25]其「譬喻」(長者賜諸子)說亦為說明佛唯「與大乘」、皆是「一相一種」,上僅為經文之一譬諭,其餘之譬說用意亦皆如是;觀整部《法華經》除論究「唯一實法」外,實無再陳述其他之法義,且依佛法之得證「實相」之理,「實相」既非權非實,更非關「有」或「無」之問題,而《法華經》之所以稱其為「妙」,其義在「圓」,若以「權、實」而論,《法華經》非僅只是「開權顯實」,而是「權實相融」。

為展現《法華經》之「妙」義,智顗更以「本迹」為論說明如下,見於《法華玄義》卷7上云:

> 釋本迹為六,本者理本,即是實相,一究竟道。迹者除諸法實相,其餘種種皆名為迹。又理之與事皆名為本,說理說事皆名教迹也。又理事之教皆名為本,稟教修行名為迹,如人依處則有行迹,尋迹得處也。又行能證體,體為本;

[25] 大正9.13中-下。

依體起用，用爲迹。又實得體用名爲本，權施體用名爲迹。
又今日所顯者爲本，先來已說者爲迹。約此六義以明本迹
也。[26]

　　此爲「本迹六義」之總論，「本」即是「實相」、「究竟道」；
其非關法義，是理事相融，是得證之問題，如是皆在說明，所謂
「本」即是「終究得成」，是一切尚未「二分」之前；若以禪宗證
悟爲言，則是：「不思善！不思惡！本來面目」之境界，此爲「心
念」立於「空靈性境」之時，是一念未生前之「真空」境地，此
亦是「四十九年未曾言一字」；足見所謂「本」必爲「遠本」，是
一切眾生之「本願」實已成佛。而所謂「迹」，則必爲「近迹」，
是有所言說，故有「三藏十二部」之存在；而學人必依教奉行，
故有修證之階次分列；是「心念」已起，故有三乘根人之方便權
分，亦有生命之長短問題等。[27]於「本已實成」而言，則一切眾
生本已授記成佛，此即是以「遠本」而論；由「本」而展延至「迹」，
此中之「理」本爲不變，但三乘眾生「執」以爲「實」，不知佛開
方便、權法、近迹，此皆爲「活權」，而非「死權」，[28]今《法華

[26] 大正 33・764 中。

[27] 牟宗三《牟宗三先生全集 4・佛性與般若（下）》，頁 579，文云：「由遠本故，
則八十年間之行迹即是示現之『近迹』，近迹門中諸方便說固須開通決了，
即此『近迹』自身亦須開通決了以顯『遠本』。顯遠本者，一示『近迹』本
由『遠本』而垂現；一示近迹中之諸方便教本非定說，不可執實，其中諸聲
聞，諸菩薩，乃至微塵數眾生，俱已在遠本中總授記，皆可成佛。是則顯『遠
本』者，無異于喚醒也。將『近迹』中眾生之忘記從『遠本』中喚醒之，使
其豁然醒悟也。此即『本』門中通過『開近迹顯遠本』以開權顯實也。」（台
北：聯經出版公司，2003 年）。

[28] 同前注，「只因在近迹中，不知是佛之方便權說，認爲是定說、實說，是定性
眾生，定性聲聞，定性菩薩，此即囿于權而權亦死，忘其可通于佛，權本非
死權，是活權也」。

經》之所以不論暢法義，但顯「遠本」，是爲說明：一切「權」法皆可通至成佛之「本」；「權」既爲一時「權設」，故非究竟之「定說」，此即《法華經》雖以顯「遠本」爲定論，但亦不廢開「權法」，因一切權法（迹）皆一一在顯「本」。

以下即分別論述「本迹」之六義，見《法華玄義》卷 7 上云：

> 一約理事明本迹者：從無住本立一切法。無住之理，即是本時實相真諦也。一切法，即是本時森羅俗諦也。由實相真本垂於俗迹，尋於俗迹即顯真本。本迹雖殊，不思議一也。故文云：觀一切法空、如、實相，但以因緣有，從顛倒生。[29]

此以「無住」爲「一切法」之所立之本，「無住」爲理（本），「法」則爲事（迹）。「無住」即是「無所依恃」，一切法既「無所依恃」，則一切「法之性」亦必是「空」，故言「觀一切法空」；惟「法性」雖是「無住」，是「空」，然一切「森羅萬法」（事、迹），亦必有其存在之必然之「理」，故又曰：「觀一切法如、實相」。以「理事」之關係以釋「本迹」，正爲說明絕無單獨各自存在之「本」或「迹」，由「本」才有「迹」，由「迹」自可返「本」。

> 二理教明本迹者：即是本時所照二諦，俱不可說，故皆名本也。昔佛方便說之，即是二諦之教，教名爲迹。若無二諦之本，則無二種之教。若無教迹，豈顯諦本？本迹雖殊，

---

[29] 大正 33・764 中。

不思議一。文云：是法不可示，言辭相寂滅。以方便力故，
為五比丘說。[30]

　　此以「理」與「教」之關係以釋「本迹」。依證悟之「理」本
不落言說，故禪宗有「言語道斷，心行處滅」之論，此即為「本」；
然禪宗宗師們亦終有「語錄」之流傳，此即為「迹」。釋尊之「自
證悟」雖「四十九年未曾言一字」（本），然「三藏十二部」（迹）
終至今仍在，而後世學人亦必依「教」（迹）以悟「理」（本），此
兩者實然無法強分割之。

　　三約教行為本迹者：最初稟昔佛之教以為本，則有修因致
　　果之行。由教詮理而得起行，由行會教而得顯理。本迹雖
　　殊，不思議一也。文云：諸法從本來，常自寂滅相，佛子
　　行道已，來世得作佛。[31]

　　所謂「佛教」，即依「佛之教化而行」；「依教而行」為「佛教」
之修行之本，亦可謂是一切「修學」之本，惟一切修行之目的，
終以證入「理」（道）為目標，故「修因致果之行」，其所依憑是
「教」（佛之教）；亦可由所「修持」之結果以明證「教」之境界，
以達由「教」而入「理」。「佛之教化」在使學人能證悟阿耨多羅
三藐三菩提，故今時學人若能依「教行」（迹）而修持，來世則必
然如佛之所言：成佛（本）無疑。

---

[30] 大正 33・764 中-下。
[31] 大正 33・764 下。

> 四約體用明本迹者：由昔最初修行契理，證於法身為本。
> 初得法身本故，即體起應身之用。由於應身，得顯法身。
> 本迹雖殊，不思議一。文云：吾從成佛已來，甚大久遠若
> 斯。但以方便教化眾生，作如此說。[32]

　　佛之修行是以證得「法身」為目的，唯能證得「法身」才能
超越滅度與否之問題；亦唯有證得「法身」之體（本），才能有方
便教化眾生之應身之迹，如智顗所論：「若約體用明本迹者，指用
為迹，攝得最初感應、神通、說法、眷屬、利益等五妙；指體為
本，攝得最初三法妙也。（即：本因妙、本果妙、本國土妙）。」[33]
除上所言之「八妙」外，再加「本涅槃妙、本壽命妙」，即是智顗
所論之「本門十妙」。[34]

> 五約實權明本迹者：實者最初久遠，實得法應二身，皆名
> 為本。中間數數唱生唱滅，種種權施法應二身，故名為迹。
> 非初得法應之本，則無中間法應之迹。由迹顯本，本迹雖
> 殊，不思議一也。文云：是我方便，諸佛亦然。[35]

　　據智顗之釋：「若約權實明本迹者，指權為迹，別攝得中間種
種異名佛，十迹十妙皆名為權。指實為本，攝得最初十迹十妙，
悉名為實。」[36]若以「實」（本）為論，則佛久遠已實成，故依「實」

---

[32] 大正 33・764 下。
[33] 隋・智顗《法華玄義》卷 7 上，大正 33・764 下。
[34] 見於大正 33・765 上。
[35] 大正 33・764 下。
[36] 大正 33・764 下。

而言，則法身本爲實，應身亦爲實，此仍依「實」而視一切亦皆是「實」（麤、妙亦皆爲實）。同理，若以「權」（迹）爲論，佛有曾住一世而入滅涅槃之示現，則法、應二身亦皆是迹，而麤、妙亦名爲權。

> 六約今已論本迹者：前來諸教已說事理，乃至權實者皆是迹也。今經所說久遠事理乃至權實者，皆名爲本。非今所明久遠之本，無以垂於已說之迹。非已說迹。豈顯今本。本迹雖殊，不思議一也。文云：諸佛法久後，要當說真實。[37]

　　此釋「本迹」之六義，前五義（約理事、理教、教行、體用、實權）皆爲通說，唯此第六義是「約今已論」，則特指爲《法華經》說，據智顗之釋：「若約已今論本迹者。指已爲迹，攝得釋迦寂滅道場已來十麤十妙，悉名爲迹。指今爲本，總遠攝最初本時，諸麤諸妙，皆名爲本。」[38]「已」爲前諸經之時，亦是天台判教論之前四時，此「四時」與「今」而論，則「四時」之所論，不論是麤或妙，則皆爲「權」，此乃與「圓教」（今）相較之，則「迹」中之麤、妙，皆爲不究竟，此即智顗「迹中十妙」之論：「迹中十妙者，一境妙，二智妙，三行妙，四位妙，五三法妙，六感應妙，七神通妙，八說法妙，九眷屬，十功德利益妙。」[39]「今」《法華經》之所論，是以「遠本」之「本願」爲「總攝」，依「本」而論，

---

[37] 大正33・764下。
[38] 隋・智顗《法華玄義》卷7上，大正33・764下。
[39] 隋・智顗《法華玄義》卷2上，大正33・697下。

則其所攝之麁或妙，一皆名爲妙。智顗亦言：「若破麁顯妙，即用上相待妙。若開麁顯妙，即用上絕待妙。」[40]《法華經》其旨在「妙」（不可思議），若有「相待」則爲二分，此中亦必有權、有實，此兩者無法「相融」，故其「妙」只能是「迹中之妙」或「相待妙」此爲前諸經之妙；今《法華經》之「妙」，本迹、麁妙、權實不可二分，故其「妙」必爲「圓妙」、「本門之妙」、「絕待妙」，此即爲《法華經》之特殊處。

　　上之以「六義以明本迹」，有學者將此「本迹六對」作一整理如下：

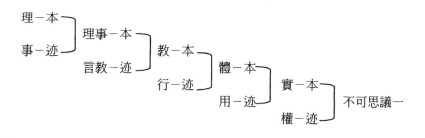

並云：「第六對是最重要的，其他五對其實都是第六對的展開或更詳細的說明而已。第六對是『今』與『已』（昔）相對，亦即現今在宣說的《法華經》才是『本』，往昔已經說過的其他經典則是『迹』。」[41]據智顗之判教，《法華經》爲最後「圓」說，故《法華經》之最重要任務，即爲彰顯佛之「真實」說，此乃依於前之一切「佛」所宣說之「法」，皆爲應「機」而言，故皆是「迹」，此亦即第六種之「指已爲迹」；而今在「諸佛法久後當要說真實」，

---

[40] 隋・智顗《法華玄義》卷2上，大正33・697中-下。

[41] 楊惠南〈智顗對秦譯《法華經》的判釋〉，頁7-8，《佛學研究中心學報》第2期，1997年7月。

此即是「本」，亦即是「指今爲本」，而所謂「今」說，即「真實」
說、即「圓」說，亦即是《法華經》之所說。智顗依《法華經》
而論述「本迹」之關係，而其釋《法華經》之「希有難解之法」
爲「本」，爲「真實」，正爲判《法華經》不同於諸經論所展現之
用意；以《法華經》與諸經相比較，或以「本迹」而論之，或以
「理事、理教、教行、體用、實權」等較之，其義只有一種，亦
即「不思議一也」，而此亦是稱《法華經》爲「妙」之由。

伍、《法華經》之「修行」論

一、妙因妙果之「四安樂行」

　　《法華經》為天台大師判為「圓教」，其義主要在於法華為一切經典之總結，即一切眾生終可得成阿耨多羅三藐三菩提，此即就「佛果」而論之。《法華經》雖不以「名相」敷陳為主，但於「會三乘歸一乘」之「果」中，亦明示於後惡世中，當如何修「法華行」；唯《法華經》之修行法，不論於聲聞、緣覺與菩薩，其行是「安樂行」，據智顗之論：「定苦行者謂諸凡夫，苦樂行者聲聞、緣覺，定樂行者謂諸菩薩也，皆非安樂行，獨此妙因妙果，稱安樂行也。」[1]《法華經》以「本願」為「因」，以「得阿耨多羅三藐三菩提」為「果」，此為「因果俱樂」，故稱其為「安樂行」，今觀〈安樂行品〉中所言之「四安住法」以證「因果俱樂」之「安樂行」：

　　1. 安住菩薩行處及親近處：以空為體，身遠諸惡，漸近空理。

　　《法華經》是圓教義，不以「法義」吸引眾生，故於後世中當如何弘揚之？其行、其法亦不同於其他各經論，如〈安樂行品〉所云：

　　　佛告文殊師利：若菩薩摩訶薩，於後惡世欲說是經，當安

---

[1] 隋・智顗《法華文句》卷 8 下〈釋安樂行品〉，大正 34・118 中。

住四法。一者安住菩薩行處及親近處，能為眾生演說是經。文殊師利！云何名菩薩摩訶薩行處？若菩薩摩訶薩，住忍辱地，柔和善順，而不卒暴，心亦不驚，又復於法無所行，而觀諸法如實相，亦不行不分別，是名菩薩摩訶薩行處。云何名菩薩摩訶薩親近處？菩薩摩訶薩不親近國王、王子、大臣，不親近諸外道梵志，亦不親近諸有凶戲相叉、相撲等變現之戲，又不親近畜豬羊、畋獵、漁捕諸惡律儀，又不親近求聲聞比丘、比丘尼、優婆塞、優婆夷，不樂畜年少弟子沙彌小兒，亦不樂與同師。常好坐禪，在於閑處，修攝其心。文殊師利！是名初親近處。

復次菩薩摩訶薩觀一切法空，如實相，不顛倒、不動、不退不轉，如虛空無所有性。一切語言道斷，不生不出不起，無名無相，實無所有。無量無邊，無礙無障，但以因緣有，從顛倒生故，說常樂觀如是法相。是名菩薩摩訶薩二親近處。[2]

如上文之列，所謂「安住菩薩行處」：其重點不在「行」，若依修「行」而言，當以「積極」行之為要，則當論列應行所行，然法華之安樂「行」，其重點在「無所行」，且以「觀如實相」即為「行」；「如實相」為究極之相，即是「圓相」，故超越分別之行或不行，如是之「行」是法華所謂之「菩薩摩訶薩行處」，而此已然指出《法華經》不以菩薩階次修證為其主論，其因在法華是以「遠劫本願」為因，此因為妙因，惟依妙因才能產生妙果，亦唯

---

[2] 大正9・37上-中。

有不落修證之階次，才能稱爲究竟之「圓行」。

　　再觀所謂「菩薩摩訶薩親近處」：爲修證故，當常親近善知識，然法華之「親近」不特明示當親近何者？法華之重點在「不親近」之對象論列，此中包含政治人物、外道、技藝與殺生者；於佛門中，不親近聲聞眾，更不自稱爲師而收沙彌等，此可謂與一般所觀、所見之佛門現象有甚大之差距。今爲弘揚佛法，宗教常需藉助於知名人物之護持，且爲度化眾生，更需深入民間、探訪民情，又爲法脈之延續亦多培養後進少年佛子，然此皆爲法華所否定。法華之「初親近處」，不在親近他人，而是在親近自己，故其主張「常好坐禪，在於閑處，修攝其心。」法華之親近是親近「自心」，唯「心」是成佛與眾生之關鍵，「心」若能永持「自性之本願」，則確然即無所謂生死流轉之問題，於「心」之本願則一切眾生確必得證阿耨多羅三藐三菩提。法華不特強調於「人」要親近之，同理，於「法」亦如是，「法」本由心生，故一切法本亦是「空」、「無所有性」，此爲菩薩摩訶薩第二親近處。對於法華之「安樂行」，與諸行之不同，智顗有云：「夫安樂者即大涅槃，從果立名也。行者即涅槃道，從因得名也。諸餘因果俱苦，如常見外道行於苦行，還得苦果。若因樂果苦，如斷見外道恣情取樂，後得苦報。若因苦果樂，如析法二乘，無常拙度，加功苦至，方入涅槃。今言安樂行者，因果俱樂。」[3]由「因」而「緣」以至「果」是佛法之定律，依法華「圓教」義，不論是因果俱苦，因樂果苦或因苦果樂　此皆非圓滿，唯還諸法華以「本願」爲因，並以憶念「本願」而得佛果，始可證入法華「因果俱樂」之境地，亦唯身無事

---

[3] 隋‧智顗《法華文句》卷8下〈釋安樂行品〉，大正34‧118中。

（憶念本願、不待修證）、心無憂（不攀附外緣、親近己心），才可謂為真安樂行。

2. 以說法為體，除口過、離憍慢。

第二安樂行，如〈安樂行品〉云：

> 又文殊師利！如來滅後，於末法中，欲說是經，應住安樂行。若口宣說，若讀經時，不樂說人及經典過，亦不輕慢諸餘法師。不說他人好惡長短。於聲聞人亦不稱名說其過，亦不稱名讚歎其美，又亦不生怨嫌之心，善修如是安樂心故。諸有聽者，不逆其意。其所難問，不以小乘法答，但以大乘而為解說，令得一切種智。[4]

本第二安樂行，著重在「說法」上。依法華圓教義、依眾生之本願，一切眾生皆本「因果俱樂」、皆本安住於「安樂行」中，惟法華意旨在使一切眾生能「憶念」並「還諸」「本願」本如是故；然妙義終得宣說，眾生尚得教化引導，故法華妙義之宣說不僅於如來當世為重要，於如來滅後之末法時代亦更顯重要。宣說法華者，當獲遠離口過與憍慢之益處，此為自利。於利他處，則對於一切之問難，皆以「大乘」而為解說，令他人得「一切種智」。此第二安樂行，實藉由「說法」而達自利、利他之境地，故知《法華經》雖以「妙因妙果」、「因果俱樂」而獨步於群經中，然終不離佛法之「因果」律，唯能真安住於「安樂行」中，才能真正自利、利人而證入阿耨多羅三藐三菩提。

---

[4] 大正 9．37 下-38 上。

3. 以離過爲體，除嫉妒、敬上接下。

第三安樂行，如〈安樂行品〉所云：

> 又文殊師利菩薩摩訶薩，於後末世法欲滅時，受持讀誦斯經典者，無懷嫉妒、諂誑之心，亦勿輕罵學佛道者，求其長短。若比丘、比丘尼、優婆塞、優婆夷、求聲聞者、求辟支佛者、求菩薩道者，無得惱之，令其疑悔，語其人言：汝等去道甚遠，終不能得一切種智。所以者何？汝是放逸之人，於道懈怠故，又亦不應戲論諸法有所諍競。當於一切眾生起大悲想，於諸如來起慈父想，於諸菩薩起大師想。於十方諸大菩薩，常應深心，恭敬禮拜。於一切眾生平等說法，以順法故，不多不少，乃至深愛法者，亦不為多說。文殊師利！是菩薩摩訶薩，於後末世法欲滅時，有成就是第三安樂行者，說是法時，無能惱亂。得好同學共讀誦是經，亦得大眾而來聽受。[5]

　　人世間之苦甚多，但與「安樂行」最爲背反，則是「不安樂」，而使人不安樂之事，其數實不可盡，然最令人「心」不安樂，往往則來自於「人與人」之相處關係，人與人相處常因計較、爭執、猜忌等而導致劍拔弩張。此第三安樂行，着重在離嫉妒、諂誑之心，此爲使「己心」平等自如之首要修爲，再將此平等心待人，則必能「敬上」：恭敬禮拜諸如來、菩薩，與「接下」：於一切眾生平等說法。「安樂」之「安」代表穩定、不浮動，「內」心能安，

---

[5] 大正9‧38中。

則一切外境亦自能安，所謂「心淨即佛土淨」亦是此義；心能穩定、不浮動，才能於「諸法」不起「諍競」，「法」本為度眾，皆是隨宜而說之，「法」之目的在使眾生能解脫苦惱，若不能於「法」有此觀照，則因「法」而起深淺之諍競，此即後代所產生各宗派間之「責難」問題，惟此於「法」而言，皆只是一場「戲論」而已，於說法者無益，於聽法者亦然。

4. 以慈悲為體。

第四安樂行，如〈安樂行品〉所云：

> 又文殊師利！菩薩摩訶薩於後末世法欲滅時，有持是《法華經》者，於在家、出家人中生大慈心，於非菩薩人中生大悲心，應作是念，如是之人則為大失。如來方便隨宜說法，不聞不知，不覺不問，不信不解，其人雖不問、不信、不解是經，我得阿耨多羅三藐三菩提時，隨在何地，以神通力、智慧力，引之令得住是法中。文殊師利！是菩薩摩訶薩於如來滅後，有成就此第四法者，說是法時無有過失，常為比丘、比丘尼……居士等，供養恭敬、尊重讚歎。虛空諸天為聽法故，亦常隨侍。[6]

此第四安樂行着重在「慈悲」上，既言「慈悲」則其所涉當涵括全體，正所謂「無緣大慈，同體大悲」，以是若界分何者當生大慈心、何者當生大悲心，此即為有分別，於「心」有分別則無法有「安樂」之「行」。此第四安樂行亦不離法華妙義之指向，即

---

[6] 大正 9．38 下。

一切眾生當皆可得證阿耨多羅三藐三菩提，即使眾生於如來隨宜說法中，不問、不信、不解，然一旦「個己」證入正等菩提時，即以因得證之神通與智慧力，令一切眾生亦能得住法華妙義中。

智顗曾論：「安樂行品，明乘乘之法。」[7] 釋尊開法依學人而分三乘，「三乘」為有層次階級，今安樂行品名曰「乘乘」，「乘乘」即意謂「超越三乘之層次階級」，故「安樂行」不言修證之歷程，但言「因果」俱圓、俱妙之「安」然心「樂」，故「我得阿耨多羅三藐三菩提」，亦「引（眾生）令得住是法中」，此即是法華之安樂行，故〈安樂行品〉末云：「此《法華經》，能令眾生至一切智，一切世間多怨難信，先所未說而今說之。文殊師利！此《法華經》，是諸如來第一之說，於諸說中最為甚深，末後賜與。文殊師利！此《法華經》，諸佛如來秘密之藏，於諸經中最在其上，長夜守護，不妄宣說。」[8]《法華經》為「第一之說」，此即代表為如來說法之最高指向，此為「妙因」；又為「末後賜與」，此即如來最終之印證，此即「妙果」。因「妙因」才有「妙果」，既言「妙」則為「不可思議」，故法華妙旨不言三乘之分，而是總會歸三乘為一佛乘，唯此始可謂之「妙」。

《法華經》之修證，不在論三乘階次，但論唯一佛乘，對於法華之修學不採「次第修行」，陳·慧思有一譬論：

> 問曰：餘華，一華成一果；蓮華，一華成眾果。一華一果者，豈非一乘？一華成眾果者，豈非次第？答曰：諸水陸華，一華成一果者甚少，墮落不成者甚多。狂華無果可說。

---

[7] 隋·智顗《法華文句》卷 10 下〈釋藥王菩薩本事品〉，大正 34·143 上-中。
[8] 大正 9·39 上。

一華成一果者：發聲聞心，即有聲聞果；發緣覺心，有緣
覺果，不得名菩薩佛果。復次鈍根菩薩修對治行，次第入
道，登初一地，是時不得名為法雲地。地地別修，證非一
時，是故不名一華成眾果。法華菩薩即不如此，一心一學
眾果普備，一時具足非次第入。亦如蓮華，一華成眾果，
一時具足，是名一乘眾生之義。是故《涅槃經》言：或有
菩薩善知從一地至一地。《思益經》言：或有菩薩不從一地
至一地，從一地至一地者，是二乘聲聞及鈍根菩薩，方便
道中次第修學。不從一地至一地者，是利根菩薩，正直捨
方便不修次第行。若證法華三昧，眾果悉具足。[9]

　　《法華經》是以「蓮華」為譬喻此「法」之「妙」是「一華
成眾果」，法華之肯定在一切眾生本等同佛無異，佛所具有之三十
二相、八十種好，一切眾生皆本具足，眾生唯因惑障亂心，此即
如鏡蒙垢、如雲遮月般，「垢」與「雲」皆為「客塵」，而「鏡」
與「月」為「本體」，永遠皆明亮、清淨。由眾生而證佛果，餘經
所論是「次第行」，是一地而至另一地，以至「妙覺」之境，此為
眾生於修行上，是採依「垢」而往「明亮」之路而行，如是之理
念，確為「漸次」，是有「層第」，唯如此之立場，是依眾生「心
垢」而論之，依此見解，即是依眾生之當世「發心」而論證其「果」，
故在此理念立場之下，發聲聞心者，必得聲聞果；發緣覺心者，
必得緣覺果，此確為「修對治行」，是依「垢」而行證，此為眾經
之論。法華所採之立場，是依眾生「心淨」與佛無異而論，故所

---

[9] 陳‧慧思《法華經安樂行義》，大正 46‧698 中。

謂「明亮」、「清淨」，是本就是明亮、清淨，而不是漸漸明亮、層層清淨，故所證是一時具足一切莊嚴清淨功德，此亦是慧思於《法華經安樂行義》之起首即云：「《法華經》者，大乘頓覺，無師自悟疾成佛道。」[10]法華之立場是「頓覺、自悟」，一悟即全體大悟，一覺即全體大覺，一成即全體大成，故曰「一華成眾果」。

二、不作次第行、不斷煩惱之「法華三昧」

對於《法華經》之修持法門，「四安樂行」是一顯明之闡述，陳‧慧思據之而撰《法華經安樂行義》，[11]惟此文除對「四安樂行」有進一步之論陳外，其內涵主要在「法華三昧」上；「三昧」為「定」義，本為「修行」之一種方法，據云：「三昧一語，本非佛教固有的用語，在佛教興起時代的印度已廣被使用，瑜伽派視之為解脫的方法，置於瑜伽八支中的一支。」[12]顯然，於更早之時期，「三昧」是一種可達「解脫」之修行法，唯至今仍沿用「三昧」，其內涵意義已非僅只是一種息緣止慮之方法而已，據慧思所論：

> 蓮華結實，隱顯難見。狂華者喻諸外道。餘華結果，顯露易知者，即是二乘，亦是鈍根菩薩。次第道行，優劣差別，斷煩惱集，亦名顯露易知。法華菩薩即不如此，不作次第行，亦不斷煩惱，若證《法華經》畢竟成佛道。

---

[10] 大正 46‧697 下。
[11] 今收錄於《大正藏》第 46 冊。
[12] 唐偉雄《法華經研究》，頁 83，香港新亞研究所哲學組碩士論文，2001 年 7 月。

> 從一地至一地者，是二乘聲聞及鈍根菩薩。方便道中，次
> 第修學，不從一地至一地者，是利根菩薩。正直捨方便，
> 不修次第行，若證法華三昧，眾果悉具足。[13]

　　修「法華三昧」是「不作次第行」，亦「不斷煩惱」，此即明示「法華三昧」已非只是某一種修持方法，更非採「捨離」、「斷除」之手段。佛之演法中，前多採「階位」說，故有「十地」之分，亦有「等覺」、「妙覺」之別，此為前諸經之通說。《法華經》是佛之最後圓說，前之「次第行」皆是方便，今佛於法華所論，「唯有一佛乘」，而前之次第、階位亦皆只是「權說」，前之學人各依「權說」而修行，故所採之法是：「鈍根菩薩修對治行，次第入道登初一地，是時不得名為法雲地。地地別修，證非一時，是故不名一華成眾果。」[14]所謂「法華三昧」之修行法，是不採「對治」行，因「對治」是以「一」法降伏「一」病，故「對治行」即是「次第行」，是一步一階。此即是「漸」法，此亦如禪宗五祖弘忍大師欲將法位傳付後學時，令門人各以一偈來表明「心」境，而神秀之偈是：「身是菩提樹，心如明鏡臺，時時勤拂拭，勿使惹塵埃。」此偈弘忍大師判為：「未見本性，只到門外。」[15]神秀所採之方法即是「對治行」，是依「次第」而修持，故強調「勤拂拭」，希望「勿惹塵埃」，此皆是以「肯定」法而論一切之修行權說；此若是以《法華經》之立場而論，則是肯定「迹門」。「法華三昧」之修行法，是「大乘頓覺」、是「一乘義」，故云：「法華菩薩，一

13　陳・慧思《法華經安樂行義》，大正46・698中-下。
14　陳・慧思《法華經安樂行義》，大正46・698下。
15　元・宗寶《六祖大師法寶壇經》〈行由品〉，大正48・348中-下。

心一學,眾果普備。一時具足,非次第入。亦如蓮華,一華成眾果,一時具足,是名一乘眾生之義。」[16]此亦如禪宗六祖惠能大師之得法偈:「菩提本無樹,明鏡亦非臺,本來無一物,何處惹塵埃。」[17]惠能之法是為「頓悟」,故以「本來無一物,何處惹塵埃。」來否定成佛是採「漸次之修行法」;此若以《法華經》之立場而論,則是肯定「本門」,即以一切眾生之「本願」而言,則「唯有一佛乘」,實無二亦無三,此即在說明,所謂:「發聲聞心,即有聲聞果;發緣覺心,有緣覺果。」[18]此「一華成一果」,則決非是「佛果」,而佛陀所論證之法亦唯有「佛果」,實無「聲聞與緣覺果」,有云:

> 無二乘者,謂無二乘所得涅槃。唯有如來證大菩提,究竟滿足一切智慧名大涅槃。非諸聲聞、辟支佛等有涅槃法,唯一佛乘故。
> 一佛乘者,唯有一乘體故。一乘體者,所謂諸佛如來平等法身,彼諸聲聞、辟支佛乘非彼平等法身之體,以因果行觀不同故。[19]

正因「諸佛如來」是「平等法身」,故依諸佛如來所證得之涅槃,亦唯有一種(平等),此即真正之「解脫境界」,除此,實無另有能由聲聞、辟支佛所證得之涅槃解脫境界。《法華經》肯定「一

---

[16] 陳・慧思《法華經安樂行義》,大正46・698下。
[17] 元・宗寶《六祖大師法寶壇經》〈行由品〉,大正48・349上。
[18] 陳・慧思《法華經安樂行義》,大正46・698下。
[19] 《妙法蓮華經優波提舍》卷下,大正26・7中-下。

乘體」，故依其修行法所得之結果是「一華成眾果」，即不論學人之根器如何，依佛言，統統可「授記成佛」無有疑慮。據考證所得，「法華三昧」一詞，於《法華經》中出現，重要處有三：[20]

1. 成就甚深智慧，得妙幢相三昧、法華三昧。[21]
2. 華德菩薩得法華三昧。[22]
3. 受持是《法華經》，淨眼菩薩，於法華三昧久已通達。[23]

能獲諸「法華三昧」者，必於《法華經》之一乘圓頓之旨有大智慧契入，且能「受持」之始可得成。「法華三昧」是依《法華經》圓修證而成，法華經義總論三乘唯只有一乘，以「一乘法」而總遍一切眾生，故「法華三昧」之修成，是非次第、逐步而成，是「一華」（一乘）成「眾果」（三乘），即所謂「一乘」即總括「三乘」，其「圓成」時，則「但見一乘」，「無二亦無三」，此為「法華三昧」之「圓行」義。唯《法華經》雖終只言「唯有一乘」，但佛卻一再強調，依於方便，故於「一乘」中分別「說三」，換言之，所謂「法華三昧」雖是「圓行」，但於方便中，亦必然肯定方便之漸次修行法，於此，「法華三昧」亦分為「無相行」與「有相行」，如云：

云何復名二種行：一者無相行，二者有相行。

---

[20] 唐偉雄《法華經研究》，頁 83，香港新亞研究所哲學組碩士論文，2001 年 7 月。
[21] 《法華經》〈妙音菩薩品〉，大正 9・55 上。
[22] 《法華經》〈妙音菩薩品〉，大正 9・56 中-下。
[23] 《法華經》〈妙莊嚴王本事品〉，大正 9・60 中。

無相行者，即是安樂行。一切諸法中，心相寂滅畢竟不生，故名為無相行也。常在一切深妙禪定，行住坐臥飲食語言，一切威儀心常定故。諸餘禪定，三界次第，從欲界地、未到地、初禪地……如是次第有十一種地差別不同。有法無法，二道為別，是阿毘曇雜心聖行。安樂行中，深妙禪定即不如此，何以故？大依止欲界，不住色、無色，行如是禪定，是菩薩遍行，畢竟無心想，故名無相行。

復次有相行，此是普賢勸發品中，誦《法華經》散心精進。知是等人不修禪定不入三昧，若坐若立若行，一心專念法華文字，精進不臥如救頭然，是名文字有相行。此行成就即見普賢金剛色身……具足菩薩一切種慧佛眼清淨，是時即得具足一切三世佛法。……若顧身命，貪四事供養，不能勤修，經劫不得，是故名為有相也。[24]

　　智顗大師於判教論中，以《法華經》為「圓教」，其主要之判攝關鍵即在《法華經》雖總言「唯有一佛乘」，但又一再肯定三乘之「方便」權法必然施設，故在「總括」之下，以是判為「圓」。今觀此「法華三昧」之修行法，亦然肯定「無相行」、「有相行」，亦可謂是總攝一切學人之修行，於此，「法華三昧」亦可稱之為「圓」。以下分別論述「法華三昧」之「二行」：

　　無相行：「法華三昧」之「無相行」，等同於「安樂行」，此即為「圓」行，是「因果俱樂」之行。「三昧」既為「定」義，故「法華三昧」肯定「深妙禪定」，唯在法華「唯有一佛乘」之大旨下，

---

[24] 陳‧慧思《法華經安樂行義》，大正 46‧700 上-中。

此中之「定」亦非是階次之「定」，而是畢竟圓成之「定」，是不執住於任一境地之定。所謂「無相」即「不執相」，若於「心」而言，亦是無有「心行」之迹。於禪宗而言，有云：「無相爲體。無相者，於相而離相。善知識！外離一切相，名爲無相，能離於相，即法體清淨，此是以無相爲體。」[25]又：「善知識！何名禪定？外離相爲禪，內不亂爲定。外若著相，內心即亂；外若離相，心即不亂。本性自淨自定，只爲見境思境即亂，若見諸境心不亂者，是真定也。」[26]顯然「無相」並非遠捨一切相，而所謂「定」亦不特指爲「靜坐」之「定」，此中之重點在「心」而不在外在之「相」。

　　有相行：若以「法華三昧」之「無相行」爲「利根」學人所能持行，此「有相行」則適用於「鈍根」之人。所謂「有相」即「於相執相」，於經典上則專念「文字」，於「相」上則欲見一切菩薩之示相，此中之重點在「相」而不在「心」。

　　「法華三昧」雖界分「無相行」與「有相行」，唯特以「無相行」是深入禪定，爲終究之「安樂行」，於此，即可得知：「法華三昧」所決然肯定的是「無相行」。但細思《法華經》要旨只肯定「一佛乘」，一切之方便權法終將歸入實法中，故以終究之成佛而言，此「二行」亦爲方便法，亦終將去捨。[27]以修證「實相」而言，「實相」者即是「無相」（法空），或言「實相」，或言「無相」皆是方便耳！唯天台宗師們據「法華三昧」而有各種有關「懺儀」

---

[25] 元・宗寶《六祖大師法寶壇經》〈定慧品〉，大正 48・353 上。

[26] 元・宗寶《六祖大師法寶壇經》〈坐禪品〉，大正 48・353 中。

[27] 隋・智顗《摩訶止觀》卷 2 上，引「南岳師云：有相安樂行，無相安樂行，豈非就事、理得如是名。持是行人，涉事修六根懺，爲悟入弄引，故名有相。若直觀一切法空，爲方便者，故言無相。妙證之時，悉皆兩捨。」（大正 46・14 上）。

之方法闡述，[28]如是之任何修懺方法，於《法華經》而言，皆為方便法，雖非究極，但仍受肯定。

三、《法華經》之「修行方法」

（一）法華三昧之體現：勤修禪定

《法華經》之妙義與諸經不同，諸經有名相、有論說敷陳、有修證次第等，諸經之要旨，皆非法華所強調，《法華經》無名相之敷陳，無法義之論說，修證不採次第，此乃法華是佛之最終付與，是佛之究極本懷之展現，故其立場是依眾生之「本願」、「心淨」而論，依本願則眾生本得證阿耨多羅三藐三菩提，依「心淨」，則眾生本與佛同等具足一切功德，於是「修證」是一心一時眾果具備之非次第行，此皆為法華之妙義、妙旨，然法華終不能、亦不可否定「修行」，故有「藥王菩薩」之難行苦行，亦有「妙莊嚴王」之捨國王位以付其弟而專求佛道，還有「常不輕菩薩」之勤修禪定，足見《法華經》雖依眾生之「本願」、「心淨」立場，而終論法華是總歸為一佛乘圓教義；但亦強調修行之重要性，唯「修行」之重要在「志求佛道」，故法華雖以「安樂行」為非次第之最圓滿行，此為法華之意旨，但修行雖確為凡夫指出一方向，兩者並無衝突處。如慧思所言：「《法華經》者，一切世間難信法門，凡是一切新學菩薩，欲求大乘超過一切諸菩薩疾成佛道。須持戒、忍辱、精進、勤修禪定。專心勤學法華三昧，觀一切眾生皆如佛

---

[28] 可參考簡秀娥《法華經禪思想之研究》，頁 383-387，東海大學中國文學系博士論文，2003 年。

想，合掌禮拜如敬世尊，亦觀一切眾生皆如大菩薩善知識想。」[29]
於「勤修禪定」上，特舉「如〈常不輕菩薩品〉中說，勤修禪定
者，如安樂行品初說，何以故？一切眾生具足法身藏與佛無
異。……是故行人勤修禪定，淨惑障垢，法身顯現。是故經言：
法師父母所生清淨常眼、耳、鼻、舌、身、意，亦復如是。」[30]「勤
修禪定」之目的是爲「淨惑障垢」，使「法身顯現」，而眾生之「法
身藏與佛無異」，足見《法華經》之「禪定」並非但以「禪定」爲
一「法門」而勤修之，法華之禪定是爲使眾生本具之「自性法身」
顯露，故於法華而言，「禪定」之目的亦可謂是以憶念「本願」而
得證阿耨多羅三藐三菩提爲上，「禪定」已非僅止於「靜坐」而已，
今以〈常不輕菩薩品〉之修證爲例說明：

> 爾時有一菩薩比丘，名常不輕，得大勢，以何因緣名常不
> 輕？是比丘凡有所見，若比丘、比丘尼、優婆塞、優婆夷，
> 皆悉禮拜讚歎，而作是言：我深敬汝等不敢輕慢，所以者
> 何？汝等皆行菩薩道當得作佛。而是比丘，不專讀誦經典，
> 但行禮拜，乃至遠見四眾，亦復故往禮拜讚歎而作是言：
> 我不敢輕於汝等，汝等皆當作佛。[31]

　　此常不輕菩薩之因緣，是「不專讀誦經典」，「但行禮拜」；「讀
誦經典」之法門，是多數佛經內文中之所讚，即以《法華經》爲
例，亦主張要能受持、讀誦且爲人演說爲殊勝，顯見「讀誦經典」

---

[29] 陳·慧思《法華經安樂行義》，大正 46·697 下。
[30] 陳·慧思《法華經安樂行義》，大正 46·698 上。
[31] 大正 9·50 下。

不但可於法義能深入了解，實亦可謂是受各宗所肯定之修持方法，然常不輕菩薩卻是以「但行禮拜」法門而得名；所謂「禮拜」，佛門以五體投地爲大禮；所謂「讚歎」即以音聲言辭爲要，常不輕菩薩於遠見四衆時，即往「禮拜讚歎」，此爲其行；「我不敢輕於汝等，汝等皆當作佛」，此爲其言。將常不輕菩薩之「禮拜」與「讚歎」相比擬於普賢十大行願，即是：「一者禮敬諸佛：十方三世一切佛刹極微塵數諸佛世尊，我以普賢行願力故，起深信解，如對目前，悉以清淨身語意業，常修禮敬。一一佛所，皆現不可說、不可說佛刹極微塵數身，一一遍禮不可說、不可說佛刹極微塵數佛。二者稱讚如來：十方三世一切刹土，所有極微，一一塵中，皆有一切世界極微塵數佛，我當悉以甚深勝解，現前知見，各以出過辯才天女微妙舌根，一一舌根，出無盡音聲海，一一音聲，出一切言辭海，稱揚讚歎一切如來諸功德海。」[32]常不輕菩薩所禮拜與讚歎之對象是「四衆」，四衆代表尚爲修學者，若於得證佛果而言，實尚未證入，然常不輕菩薩之所以能真誠行禮拜大禮，實不以四衆之「身」而視之，是以四衆之本願本性而視之，依自性本願而觀四衆，實不唯是四衆，實則一切衆生皆本是佛，故常不輕菩薩必言「汝等皆當作佛」實爲確然。常不輕菩薩之修持不在「專誦經典」而在「但行禮拜」，此亦可謂是一種「隨喜功德」，是依衆生當是時之因緣，一切隨喜之因緣，看似暫時方便性，實則亦爲「如實相」，此即如智顗所論：「隨喜一切法悉有安樂性，皆一實相。隨喜一切人皆有三佛性。讀誦經典即了因性，皆行菩薩道即緣因性，不敢輕慢而復深敬者，即正因性。敬人、敬法、

---

[32] 四十《華嚴經》卷40，大正10‧844中-下。

不起諍競，即隨喜意也。」[33]於法華而言，一切法門皆為憶念本願，禮拜、讚歎所為亦如是，此即為「法華三昧」。

（二）為法忘軀之「難行苦行」

有關「法華三昧」之體現，於〈藥王菩薩本事品〉與〈妙莊嚴王本事品〉皆有論述。其中有關藥王菩薩之得名源由，據智顗《法華文句》卷 10 下之〈釋藥王菩薩本事品〉云：

> 觀經曰：昔名星光，從尊者日藏聞說佛慧。以雪山上藥供養眾僧，願我未來能治眾生身心兩病，舉世歡喜號曰藥王。此文明一切眾生喜見頓捨一身，復燒兩臂，輕生重法，命殞道存。舉昔顯今故，言本事品也。[34]

佛法強調「因果」，此為定律，有因必有果，得果必可推究其因。所謂「本事」，是「敘述佛陀及佛弟子在過去世之因緣事蹟」，[35]「藥王」之名號重在施藥治病上，此皆為昔之誓願所行而致，惟一切之誓願行終不離是「難行、苦行」，此即如〈藥王菩薩本事品〉於起首即云：「爾時宿王華菩薩白佛言：世尊！藥王菩薩云何遊於娑婆世界。世尊！是藥王菩薩有若干百千萬億那由他難行、苦行。」[36]佛法中之所謂「難行」，係指常人難以割捨而做到；而

---

[33] 隋·智顗《法華文句》卷 10 上〈釋常不輕菩薩品〉，大正 34·141 上。
[34] 大正 34·143 上。
[35] 《佛光大辭典》上冊，頁 1959，「本事」條：「即如是之事，譯作出因緣、本事經、本事說。」（高雄：佛光出版社，1989 年）。
[36] 大正 9·53 上。

所謂「苦行」，係指需長時間之付出與精進，於一般眾生而言常無法一心堅持到底。於布施供養上，如〈藥王菩薩本事品〉所云：「以神力供養於佛，不如以身供養。……諸物供養所不能及，假使國城妻子布施亦所不及，是名第一之施，於諸施中最尊最上，以法供養諸如來故。」[37]能捨所愛之身是最大之供養，此為佛經中之所讚嘆，其深義乃在為開示眾生：若以「身」而言，最親愛之妻子終是「外身」；若以「財」而言，雄偉之國城仍是「外財」，本不隨個人之生死而來去，佛意在使眾生明「無常、空」義，實為指引眾生趣向正等正覺之境地。由能知以「身」供養為最尊貴，則再反思於一切之名利權勢、稱讚毀譽，則終將微不足道。〈藥王菩薩本事品〉中多有：「其身火燃千二百歲，過是已後其身乃盡。」[38]「我捨兩臂，必當得佛金色之身。」又「能燃手指乃至足一指供養佛塔，勝以國城妻子及三千大千國土山林河池諸珍寶物而供養者。」[39]此皆在說明難行、苦行之不容易，亦是佛要眾生能為法而忘軀之苦口婆心，如是之喻說，並非要後世學人確然學習「燃指、燃臂、燃身」之作法，此間最重要者在學人要能解生死之苦惱束縛，才是佛之真正用意。

對於〈藥王菩薩本事品〉之用意，智顗有論：

> 從捨藥發誓已來名藥王故。此下五品皆是化他流通。今品明化他之師。唯願大法，大得弘宣，大願眾生獲大饒益。所以竭其神力，盡其形命。殷殷虔虔，志猶未已。庶令弟

---

[37] 大正 9・53 中。
[38] 大正 9・53 中。
[39] 大正 9・54 上。

子，宗法如師。我傳爾明，爾復傳明，明明無已，師之志
也。故知此品勗弘法之師也。[40]

　　據智顗之論，藥王之下五品爲「化他流通」，此即《法華經》
之最後五品，而本藥王品爲「明化他之師」，此義代表，「化他流
通」之末五品，爲普遍勸發流通之宣說，而〈藥王品〉特重在爲
弘揚法華大法，當舉「爲法忘軀」之本事因緣，佛法強調「廣修
供養」，「供養」當包含一切物質供具之供養，然「諸供養中，法
供養最」，此乃言「法」於佛之修證中之地位，是諸物不可比擬之，
其因在：諸佛如來皆依法而成就，以致諸佛如來特尊重法故。而
所謂「法供養」當指依法修行，能攝受、利益衆生，能勤修一切
善根，能代衆生苦等，智顗對「法供養」之釋是：「真法供養者，
當是內運智觀，觀煩惱因果，皆用空慧蕩之，故言真法也。又觀
若身若火、能供所供，皆是實相。誰燒誰然、能供所供皆不可得，
故名真法也。」[41]依智顗之意，所謂「真法供養」，並非執於「色
身」之供，而是能於色身之煩惱因緣中，確然明「色身非我有」，
是以能用「空慧」而蕩除煩惱爲要，而不是尚有我之色身可爲供
養之「能、所」對立之存在。

（三）善知識在己不在外

　　佛經有一特色，即佛於宣法中，常會以某菩薩、天王等爲例，
說明其過去因緣。在推因究果之過程中，凡今日能得見大善知識

40　隋・智顗《法華文句》卷 10 下〈釋藥王菩薩本事品〉，大正 34・143 上。
41　隋・智顗《法華文句》卷 10 下〈釋藥王菩薩本事品〉，大正 34・143 下。

而引見入於佛法中，皆必然於宿世中已深植眾德本者，此即是「因果」。《法華經》以「本事」為品名者，除「藥王菩薩」外，尚有「妙莊嚴王」，據〈妙莊嚴王本事品〉內容所述之重點如下：

> 妙莊嚴王其夫人名曰淨德，有二子：一名淨藏，二名淨眼。是二子，有大神力、福德智慧，久修菩薩所行之道。又得菩薩淨三昧等。母告子言：汝父信受外道，深著婆羅門法。（二子）為現神變，令其父王心淨信解。[42]

此〈妙莊嚴王本事品〉主要在論述妙莊嚴王如何由邪見而轉化為安住於佛法，此中之關鍵在其「二子」，故其二子可謂是其「善知識」，對於有關「善知識」之義，如本品所云：

> 爾時雲雷音宿王華智佛告妙莊嚴王言：如是如是，如汝所言，若善男子、善女人，種善根故，世世得善知識。其善知識，能作佛事，示教利喜。令入阿耨多羅三藐三菩提。大王當知，善知識者是大因緣，所謂化導令得見佛，發阿耨多羅三藐三菩提心。大王！汝見此二子不，此二子已曾供養六十五百千萬億那由他恆河沙諸佛，親近恭敬，於諸佛所受持《法華經》，愍念邪見眾生，令住正見。[43]

依修證歷程而言，依佛法因果輪迴而論，今日之果必來自於前世之因，本品之「妙莊嚴王」為所化者，夫人與其二子為能化

---

[42] 大正 9・59 中-60 上。
[43] 大正 9・60 下。

者，此生之相遇，乃過去世同修善道而致，雲雷音宿王華智佛特述說妙莊嚴王與夫人、二子之因緣是：「其王（妙莊嚴王）即時以國付弟，與夫人、二子，幷諸眷屬，於佛法中，出家修道。王出家已，於八萬四千歲，常勤精進，修行妙《法華經》，過是已後，得一切淨功德莊嚴三昧。」[44]能捨王位富貴而「出家修道」，此為由凡轉聖之決心，然修證之歷程是漫長的，所需之正知正見與明確方向，皆將決定究竟之得證，其間妙莊嚴王曾信受「外道婆羅門」，但其有善根因緣（曾捨王位而出家修道），亦因曾種善根故，終得善知識（其夫人與二子）之化導見性。如〈妙莊嚴王本事品〉所云：「善知識者是大因緣」，修證歷程需仰賴「善知識」，然善知識之作用唯在引導而已，而「善知識」之獲致與否，則全賴個已所種之因，如智顗所云：「勸修者，外輕內重，故功福有異。文云，妻子者，外身也。國城等外財也。七寶奉四聖，不如持一偈，法是聖師能生、能養、能成、能榮，莫過於法，故人輕法重也。」[45]妙莊嚴王能「輕人重法」，此為其本身之善根，此善根為其善知識因緣，故依佛法而論，真正之「善知識」不在外，而在己，換言之，妙莊嚴王之夫人與二子，只是一「示教」之因，而真正之善知識即是「妙莊嚴王自己」，是否能得證阿耨多羅三藐三菩提之果，所依憑即是妙莊嚴王本身之「善知識」。

有關《法華經》之「修行方法」，釋聖嚴法師曾一一分列並為之做一統計，其中所包含之「修行方法」計有如下之項目：

1. 為他人演說

---

[44] 大正 9‧60 中。

[45] 隋‧智顗《法華文句》卷 10 下〈釋藥王菩薩本事品〉，大正 34‧143 中-下。

2. 受持

3. 讀誦

4. 供養此經及供養寶塔

5. 得深智慧及修習禪定

6. 頭面禮足及讚歎功德

7. 自書教人書

8. 持大乘戒及精進勇猛

9. 廣聞如來法及低頭合掌

10.著忍辱鎧、恭敬諸佛、信受信解及起塔供養

11.如說修行

12.獨處山林靜處、大慈悲心、柔和心、護持法藏

13.布施、稱名念佛、瞻仰尊顏

14.集眾聽法及隨喜

15.法華三昧、音樂供養、尊重、問訊、求無上道、善答問難、現一切色身三昧、陀羅尼咒

16.畫佛像、繞佛、供給走使、以身為床座、不惜身命、不說人過、不說經典過、不輕餘法師、不說人長短、不稱名說小乘過、不稱名讚歎小乘、不以小乘法答、不希供養、不輕罵學佛道者、不戲論諸法、平等說法、立僧坊、供養眾僧、供養讚歎聲聞眾僧、自燃其身供養佛、燃手指供佛塔、燃足一指供佛塔[46]

　　觀之如上所列《法華經》所包含之「修行方法」，實可總曰為

---

[46] 釋聖嚴〈中國佛教以《法華經》為基礎的修行方法〉，頁 3-4，《中華佛學學報》第 7 期，1994 年 7 月。

「戒、定、慧」三無漏學;亦可總括爲「六度:布施、持戒、忍辱、精進、禪定、智慧」;亦可統整爲「八正道:正見、正思惟、正語、正業、正命、正精進、正念、正定」;惟此中尙包含難行苦行之「燃指及身供佛」之舉等,惟於《法華經》中,最常論述是「受持、讀誦、書寫、爲他演說《法華經》」,此爲護持弘揚《法華經》最根本實證之法,而釋聖嚴法師特以《法華經》之修行方法爲「中國佛教」之修行基礎,今觀上之十六分項,確可言:中國佛教之修行方法大抵皆已包括入於《法華經》中。《法華經》既爲「圓」教說,依理,其修行方法亦應要「總括」才能成爲「圓」,故此中除爲大乘佛教所向爲注重之「戒、定、慧」外,於〈藥王菩薩本事品〉中尙論述「難行苦行」,如是之「難行法」,是爲「小乘」所稱揚,今如是「難行法」出現於《法華經》中,除能彰顯法華修行之「圓」外,其另一真正意涵在表述「不思議一也」之法華妙理:一切修行法或各有差別,但皆能同證入「不思議境地」則爲「一」。於《彌勒菩薩所問本願經》,曾舉釋尊之「難行法」可證入佛地,然彌勒改持以「安樂行」亦能同證佛地,如經云:

> 佛語賢者阿難:彌勒菩薩本求道時,不持耳、鼻、頭、目、手足、身命、珍寶、城邑、妻子及以國土布施與人,以成佛道。但以善權方便安樂之行,得致無上正真之道。
>
> 阿難白佛:彌勒菩薩以何善權得致佛道。
>
> 佛言阿難:彌勒菩薩,晝夜各三正衣束體,叉手下膝著地,向於十方說此偈言:
>
> 我悔一切過,勸助眾道德;
> 歸命禮諸佛,令得無上慧。

佛語賢者阿難：彌勒菩薩以是善權，得無上正真之道最正
覺。[47]

　　釋尊修行法是「難行、苦行」，故能爲法忘軀，此中是以無「我
相、人相、眾生相、壽者相」爲「難行法」之理論背景，唯有去
除「相」之執著，才能於「身軀」之割捨不覺痛苦，此是爲說明
「痛」與「苦」之感覺，是緣於「執著」所致。惟所謂「修行」
即意謂要「身體力行之」，此「難行法」之理論依據可令人信服，
然於度眾之善權上，確非常人可行之、及之；而彌勒爲使一切眾
生皆能於「修行」道上快樂而行，故其修行法並非採一般人所難
契及之「難行法」，而是採「悔過、助眾、禮佛」之「善權方便安
樂之行」，此看似較「易行法」之「安樂門」與「難行法」皆可同
證「無上正真之道最正覺」，足見，「修行」以致「證道」之過程，
一切「正道」法皆爲修行之方法，實無分高下，今《法華經》結
合一切修行方法爲一爐，故依「修行法」而論之，此確可爲「圓」
義。

　　佛法是實證之法，各宗派、諸經典，皆有其修證方法之論設，
此即代表「理論」（法義）雖是重要，但如何提昇生命境地以至成
佛，才是佛法之終極目標。在如是大前提之下，《法華經》雖被判
爲「圓教」，是佛之最究竟實說，但此中之「修證法」亦當不可被
廢捨。《法華經》以顯「實」法爲中心義旨，故特強調不依次第之
「安樂行」與「法華三昧」，此爲《法華經》依「實」法所論之「修
行」，如是之「修行」方法，確與前之諸經依次登地而修行不同，

---

[47] 大正 12・188 下。

然《法華經》之奧妙亦即在此：若依「實」法而論證其「修行方法」，則強調「妙因妙果」之「因果同俱」；然《法華經》之「實」是融「權」而言之，故《法華經》另一方面亦論禪定、難行、苦行等，且全部經文所涵括之修行方法甚為廣泛。《法華經》在中心主旨「開權顯實」上有明確之論說，而有關其修證陳述，亦相應於此主旨而分列權與實之修行方法：於「權」之各種修行方法上，所涉範圍甚大；但又強調法華之修證立場，是依眾生之「心淨」，此即將修行方法提昇至以「本願」為立足點，在如是以「淨」、「本願」為基準下，修行已非由一階至一階、一地至一地，而是「圓」、是「實」，亦可謂是「全」，故總稱其修行為「安樂行」，此中已無所謂「苦」、「權」之存在，亦唯在「圓」、「實」、「心淨」之下，一切修行才能稱其為不可思議之「妙」，在此之下，《法華經》之修行方法確與諸經不同亦甚明矣！

陸、《法華經》中「菩薩」修證之代表

一、觀世音之「大悲」

（一）觀世音之特德：一即一切（一悲心，可觀一切之苦難）

　　「觀世音菩薩」除是菩薩之名外，更代表「慈悲」之具體化身。「慈悲」之義本爲不同，「慈」爲「與樂」，「悲」爲「拔苦」，[1]「與樂」之特德，在予眾生歡喜、快樂，故法相之呈現是以「滿腔歡喜」、「大肚能容」之「彌勒菩薩」[2]爲代表。而「拔苦」之特德，主要在爲眾生化解困難、消除痛苦，故法相之特徵呈現在「慈眉善目」上，而「觀世音菩薩」即爲代表。「慈悲」雖有定義界分之不同，但於一般普遍眾生而言，「覺苦」之成份通常較重於「感樂」，故如果拔濟眾生「苦」，是爲度眾之第一步，依此而論，則「以悲爲體，以慈爲用」[3]之說法，確爲將「慈悲」做最佳之結合。觀世音菩薩之特德在「悲」上，此與代表釋尊早期之聖典《阿含經》，是以論述「無常、苦、無我（空）」爲主，兩者在意旨闡述上可謂是同一方向。釋尊深入世間，由知世間之苦而契苦，才能

---

[1]　《佛光大辭典》下冊，頁 5805，「慈悲」條，「慈愛眾生並給與快樂（與樂），稱爲慈；同感其苦，憐憫眾生，並拔除其苦（拔苦），稱爲悲。」（高雄：佛光出版社，1989 年）。

[2]　賴傳鑑編著《佛像藝術》，頁 132，「布袋和尚被世人信爲彌勒菩薩的化身。」（台北：藝術家出版社，1994 年）。

[3]　高柏園《禪學與中國佛學》，頁 300，（台北：里仁書局，2001 年）。

了脫苦,並普助一切眾生遠離苦惱而獲得安樂,而其行願原動力
則來自於大悲心之興發,故欲「與」眾生「樂」,亦當由發「悲」
心起。於佛門中,「悲心無限」之最佳代表,即是「觀世音菩薩」。

有關「觀世音」菩薩名號所象徵之特德,據〈觀世音菩薩普
門品〉所云:

> 世尊!觀世音菩薩以何因緣名觀世音?佛告無盡意菩薩:
> 善男子!若有無量百千萬億眾生受諸苦惱,聞是觀世音菩
> 薩,一心稱名,觀世音菩薩即時觀其音聲,皆得解脫。[4]

「觀世音」菩薩之得名,在於「觀」「世間音聲」而尋聲救苦;
且其心量周遍法界,故無量百千億眾生受苦,皆可得受觀世音菩
薩之救度。觀世音之特德首在「觀」,據天台宗智顗《摩訶止觀》
卷5上云:

> 若一法一切法,即是因緣所生法,是為假名、假觀也。若
> 一切法即一法,我說即是空,空觀也。若非一非一切者,
> 即是中道觀。一空一切空,無假、中而不空,總空觀也。
> 一假一切假,無空、中而不假,總假觀也。一中一切中,
> 無空、假而不中,總中觀也,即《中論》所說不可思議一
> 心三觀。[5]

智顗之論在「一心三觀」上,空、假、中三觀在「一心」中

---

[4]　大正9‧56下。
[5]　大正46‧55中。

而同具，亦是「一即三」、「三即一」。此中若依觀世音之行願而論，則「一心」當是「大悲心」，惟大悲心一興起，其心量則將無限，故一切受苦受難之眾生，唯能「一心稱」觀世音之「名」，則必得觀世音菩薩之「觀」眾生音聲，而施予解脫苦難之道，而其因惟在無限之「大悲心」上。正因大悲心無限，且遍諸法界，故觀世音威神力之所及範圍甚廣，於〈觀世音菩薩普門品〉中有分列之述如下：

> 設入大火，火不能燒。
>
> 若為大水所漂，即得淺處。
>
> 飄墮羅剎鬼國，皆得解脫羅剎之難。
>
> 臨當被害，彼所執刀杖，尋段段壞，而得解脫。
>
> 是諸惡鬼，尚不能以惡眼視之，況復加害。
>
> 杻械枷鎖，檢繫其身，皆悉斷壞，即得解脫。
>
> 諸商人齎持重寶，經過險路，若稱名者，當得解脫。[6]

以上之述所遭遇一切苦難，有水、火、枷鎖、惡鬼等，一心稱「觀世音」之名，皆可解脫，此於「事」而言，確是不可思議；但於「理」而言，「理」可無所不遍、無所不及，即建構在觀世音菩薩之行願及威神力上，則觀世音之「願」與「力」當能無所不遍、無所不及，而一切苦難必得化解，不正是菩薩累劫弘願之當然結果。智顗之「一心三觀」，應之於觀世音行願上，則正是「一」無限悲心，當可觀「一切」之苦難，此中已蘊涵「一即一切」之

---

6 大正 9・56 下。

義。而眾生「一心稱名」,「一心」正是眾生之「致心一處、專一
之心」,「一」除代表專一,更象徵放下自我,當私我放下,人之
苦難已然遠退,「一心」可遍至三千大千世界,而「一念三千」之
「一念」,亦可爲是「一心」,釋尊以「無我」而開佛法之法印,
去我則「無我」,無我則能一心,能「一心」則必臻至「寂靜涅槃」
之境,至此,則一切之苦難當必得化解,此爲眾生能「一心稱名」
之妙用。

　　觀世音之「大悲心」除爲眾生化解苦難外,更爲眾生施予清
淨,如〈觀世音菩薩普門品〉所云:

> 若有眾生,多於婬欲,常念恭敬觀世音菩薩,便得離欲。
> 若多瞋恚,常念恭敬觀世音菩薩,便得離瞋。
> 若多愚癡,常念恭敬觀世音菩薩,便得離癡。[7]

　　貪瞋癡三毒,能障法身慧命,觀世音菩薩之普施大悲心,由
解脫眾生苦難至襄助眾生遠離三毒,此爲引眾生由凡夫走向修道
證果之途。前之解脫眾生苦難,在於眾生只要「一心稱名」,即可
待觀世音菩薩大威神力而得解脫;而遠離貪瞋癡毒,則需「常念
恭敬觀世音菩薩」,兩者之不同,或可闡述爲:「受苦受難」之部
份,有人力不可抗拒者,於「人力」無法濟助之下,惟祈求天力、
佛力加被,此爲人情之必然反應,故於人力無法扭轉之情形下,「一
心稱名」菩薩之名號,除是菩薩之願力外,亦是人企盼有「他力」
之存在。而「貪瞋癡」三毒,是「人欲」,人是可藉助於各種修行

方法而逐步格除，此即歷代思想家所謂之「工夫論」。佛、聖是人格完美之象徵，而佛、聖是由人而修成，此亦如宋儒所謂「去人欲、存天理」之說，由「去」而「存」即是一歷程，有歷程即有奮鬥，有奮鬥則能彰顯人生之生命意義，故於離卻三毒之部份，此中特強調「常念」與「恭敬」，「恭敬」即是涵養之工夫，欲去三毒，「人力」必當先盡之，此即老子所謂：「為道日損，損之又損，以至於無為。」[8]「常念恭敬」於己是修養工夫，所重在「自」；而「常念恭敬觀世音菩薩」，則是請菩薩為鑑為證，所祈在「他」，在「自」、「他」兩相配合之下，除有己力外，更將菩薩之大悲願力與加持呈顯。

（二）觀世音由「悲」入「慈」

觀世音菩薩之大悲心，除為眾生解脫苦難、遠離三毒外，更能賜福眾生，如〈觀世音菩薩普門品〉所云：

> 若有女人，設欲求男，禮拜供養觀世音菩薩，便生福德智慧之男。設欲求女，便生端正有相之女，宿植德本，眾人愛敬。無盡意！觀世音菩薩，有如是力。若有眾生，恭敬禮拜觀世音菩薩，福不唐捐。是故眾生皆應受持觀世音菩薩名號。[9]

「拔苦」是「悲心」之展現，「賜福」可謂是與樂「慈心」之

---

[8] 《老子》第48章。
[9] 大正9‧57上。

流露，觀世音菩薩能應眾生所求而滿足之，求男得男，求女得女，此正是「慈」之表現，而觀世音之威神力，亦由大悲而入大慈，亦可謂是應於「以悲爲體、以慈爲用」之論，而眾生欲求菩薩之賜福，其修行方法亦不同於解脫苦難之「一心稱名」與遠離三毒之「常念恭敬」，此祈求賜福之修行法門是「禮拜供養」，此中雖可看出觀世音菩薩之大威神力，實亦蘊涵眾生無法憑空而獲取所求之福，此即是「因果定律」，「禮拜供養」已然是一種實際之行動付出，故〈觀世音菩薩普門品〉對於「禮拜供養」觀世音菩薩所得之「福」，有確然名目之論述，如云：

> 無盡意！若有人受持六十二億恆河沙菩薩名字，復盡形供養：飲食、衣服、臥具、醫藥，於汝意云何？是善男子、善女人，功德多不？無盡意言：甚多！世尊。佛言：若復有人，受持觀世音菩薩名號，乃至一時禮拜供養，是二人福，正等無異，於百千萬億劫，不可窮盡。[10]

　　常念（稱名）要恭敬，禮拜亦要恭敬，唯能以「恭敬」心而行供養，才能獲福無邊；而「恭敬」與「持名」所得之福是「正等無異」，故曰：「恭敬禮拜，福不唐捐」，又云：「受持觀世音菩薩名號，是福不可窮盡」，足見「持名」與「恭敬」是一非二，而觀世音菩薩所展現之「悲」與「慈」亦是一非二。觀世音菩薩以遊遍法界而尋音救苦救難，此爲大悲心之展現。然悲心之興發動力，實爲憫眾生而思欲救度之，唯眾生之根器因緣不同，故菩薩

---

[10] 大正 9・57 上。

之示現善巧方便亦將隨之而異，如〈觀世音菩薩普門品〉所云：

> 無盡意菩薩白佛言：世尊！觀世音菩薩，云何遊此娑婆世
> 界？云何而為眾生說法？方便之力，其事云何？佛告無盡
> 意菩薩：善男子！若有國土眾生，應以佛身得度者，觀世
> 音菩薩即現佛身而為說法。應以辟支佛身得度者，即現辟
> 支佛身而為說法。應以聲聞身得度者，即現聲聞身而為說
> 法。……應以天、龍、夜叉、乾闥婆……人非人等身得度
> 者，即皆現之而為說法。……無盡意！是觀世音菩薩成就
> 如是功德，以種種形，遊諸國土，度脫眾生。是故汝等應
> 當一心供養觀世音菩薩。是觀世音菩薩摩訶薩，於怖畏急
> 難之中，能施無畏，是故此娑婆世界，皆號之為施無畏者。
> [11]

　　觀世音菩薩為求尋聲救苦，以方便力而示現種種身，惟法界
無量、眾生無邊，故所遍之處上至佛、菩薩等界，下至人、非人
等界。觀世音菩薩能「以種種形，遊諸國土，度脫眾生」，此理路
可相應於天台宗智顗在敷陳「一念三千」時，其過程即先以「十
界」可互往，即成「百界」；再「百界」與「十如」互往相乘，則
成「百界千如」；再加上三世間，則成「三千世間」，「法界」雖無
量，於「相」上言，則各有所隔、所限；然在至心「一念」上，
此即於「理」上言，則可通遍各法界而不受所限、所隔。觀世音
菩薩之所以能通遍人與非人而行其救苦救難之願，其原動力即在

---

[11] 大正 9．57 上-中。

於「怖畏急難之中，能施無畏」，足見，觀世音菩薩示身之精神，是着重在佛門「三施」中之「無畏施」。唯「三施」中之「財施」，需待個人福德因緣具足「財」時始可爲之，能「財施」是一捨慳吝之行，然「財」並非是人人皆可得聚。而「法施」所憑藉在「智」，亦在「口才」，能依善巧因緣而施妙語、法語，以滋潤眾生同登彼岸，故有常言：「諸供養中，法供養最」之論，惟「法」亦非人人皆能爲之，且所謂「法喜」，更是意指自我「心法之喜悅」，而此更是覺悟者才能臻至之境。足見，「財、法」二施，皆有因個人因緣條件而無法盡之之憾。唯「無畏施」，只要個己有「心」，能無畏於一切困難即可爲之，而觀世音之悲心無限，即由「大施無畏」之中而證得。能依不同眾生之身而示現種種身，正是觀世音菩薩恆順眾生所施之「方便力」，正因觀世音之「施無畏」方便力，故其名號又曰「施無畏者」；而一切眾生若欲蒙觀世音菩薩之悲心救度，亦當效法其「一念」遍遊「三千」大千法界而施無畏方便力，故眾生亦「應當一心供養觀世音菩薩」，則必得受菩薩護佑拔救。觀世音以種種身之示現，其目的在使一切眾生皆能走向「自性自度」之道，以佛之智慧方便力而言，尚無法度盡一切眾生，況菩薩乎？一切唯待眾生能具無畏自度而無畏度人，才能將「悲心」轉契入「慈心」，使真正之「慈悲」化爲具體之行動，如是才能真正自在往來於「此娑婆世界」中，觀世音菩薩能如是，一切眾生若能一心供養效法之，則一切眾生亦將是觀世音菩薩之化身。

（三）菩薩為「觀」，眾生為「念」

　　觀世音菩薩能尋聲救苦，能拔眾生貪瞋癡毒，能給眾生之欲，

更以智慧方便力示不同身而普濟一切眾生，菩薩有如是之大願，
眾生亦需有得見菩薩之心、之願、之行，才能有與菩薩相應契之
時，如〈觀世音菩薩普門品〉所云：

真觀清淨觀，廣大智慧觀，悲觀及慈觀，常願常瞻仰。[12]

據〈觀世音菩薩普門品〉之所述，觀世音以號「施無畏者」，
而得眾生一心恭敬禮拜且受供養，菩薩爲愍眾等，故受供養，且
將供養之得「分作二分：一分奉釋迦牟尼佛；一分奉多寶佛塔」，
[13]觀世音以其自在神力而遊於娑婆世界行其大願，故無盡意菩薩
以偈問：「佛子何因緣，名爲觀世音」，佛之略說爲：「聞名及見身，
心念不空過，能滅諸有苦。」[14]顯然，依佛意，眾生要能祈求觀
世音菩薩之救度，當「心念不空過」，即心心念念當不離「觀」想
菩薩之「名」或「身」，而總言之「五觀」如下：

真觀：一切法無非因緣生，故即假、即空、即中，此「三觀」
本「一心」得，心真則一切真，則所「觀」亦必是「真」。

清淨觀：「清淨」心源於不執不著，於塵中（富貴名利、稱譏
毀譽）而離塵（不怯不求、不喜不憂），隨緣自在，是謂「清淨」。
眾生當以至心「清淨」才能真正得「觀」菩薩之名與身。

廣大智慧觀：智慧之廣大必來自於不偏執於空、有兩邊，能
以包容之心態學習一切事物，才能不落於以井觀天之狹見，亦唯
有深入無量法界，才能有真正之「廣大智慧觀」。

---

[12] 大正 9・58 上。
[13] 大正 9・57 下。
[14] 大正 9・57 下。

悲觀:「悲」即是能憐憫一切眾生,進而能拔眾生之苦,惟「悲心」之產生必來自於深入民間之疾苦,能知眾生之苦,才能有感同身受之「悲觀」出現。

慈觀:能拔眾生之苦,再進而即要能與眾生之樂,使眾生能住於安樂之境,是度眾生之終極目標。

以上之五觀:真觀、清淨觀、廣大智慧觀、悲觀與慈觀,是眾生「常願常瞻仰」觀世音菩薩能加被自身之五觀,觀世音菩薩本願之智慧即是「無垢清淨光,慧日破諸暗,能伏災風火,普明照世間。」[15]足見,觀世音菩薩本具「五觀」智,故於眾生而言,「常願常瞻仰」即是希望能效法並學習以致獲得如觀世音菩薩之「五觀」智。惟所謂「佛力」之加被,必來自於「人力」之努力,當眾生能「一心」稱念、「恭敬」、「禮拜」觀世音菩薩,才能真正得致菩薩之加持智慧。

於〈觀世音菩薩普門品〉中,觀世音菩薩之「慈悲」救苦難、示身引度眾生之文,佔全品甚重之份量,文中更以強調「觀」眾生「音」聲為觀世音菩薩之特德,而眾生亦必當着重於「一心稱念」上,菩薩重「觀」,眾生重「念」,「觀」與「念」之結合,於〈觀世音菩薩普門品〉中有如是之闡述:

> 妙音觀世音,梵音海潮音,勝彼世間音,是故須常念,念念勿生疑。[16]

此中相應於「世間音」,另提出有「四音」,此四音可謂是「出

---

[15] 大正9‧58上。
[16] 大正9‧58上。

世間音」，析義如下：

妙音：「妙」即不可思議，眾生着於塵垢世染已久，欲其轉世間趣向出世間，必當能深具辯才無礙方可使眾生轉迷為悟，故所謂「妙音」，義為能以辯智使眾生開示悟入佛之知見之「音」，於此，「妙音」亦可謂是：菩薩宣法之「智音」。

觀世音：「世」間之「音」是多煩多惱的，能深「觀」「世」間之「音」，是為體察世間之苦而大發悲心，並尋聲救難，故「觀世音」亦可謂是：菩薩救苦之「悲音」。

梵音：梵音即清淨音，菩薩大發慈悲而救苦救難，其目的是為使眾生能離苦得樂而永獲清淨；而菩薩雖大興悲心，善觀眾生之苦，但菩薩永持心地清淨，宣揚清淨之出世間妙法，故梵音於菩薩自身之修為而言，可謂是：菩薩心地之「清淨音」。

海潮音：「海潮」有其固定的時間，永不失時，永不失信，欲修行出世間法，必然要有如海潮般之堅定與持續之精神，菩薩於度化眾生之過程中，難免遇到頑愚之輩，然菩薩有其智慧與信心，終能化頑石為靈明，故海潮音可喻為是：菩薩度眾之「信音」。

妙音、觀世音、梵音、海潮音，此四音，於菩薩而言分別代表菩薩之智慧、慈悲、清淨與信心，此為菩薩於自度度他中之特德；於眾生而言，此「四音」實遠遠勝過一切之「世間音」，故一切眾生欲蒙觀世音菩薩之救度，當以「常念」為方法，且以「念念勿生疑」為心態，此方法與心態，是二為一，捨一即不成，要能確信觀世音菩薩之願力無邊，且堅信持念必得觀世音菩薩之尋聲救護，如是殷勤不怠、專一不疑，則必與觀世音菩薩相應契。觀世音菩薩深具「四音」之特德，然此「四音」亦可謂總括為「慈悲」二義，如〈觀世音菩薩普門品〉云：

悲體戒雷震，慈意妙大雲，澍甘露法雨，滅除煩惱焰。[17]

　　觀世音菩薩以「大悲」爲其「戒體」，此乃因觀世音菩薩之行願是以救苦救難之大悲爲主，此中又以「雷震」爲大悲戒體之形容，據《易經》〈震卦〉卦辭所言：「震，亨。震來虩虩，笑言啞啞。」[18]此乃意謂，雷霆震動，其聲可遠播百里、千里，雷鳴雖令人驚懼，然人若能因震撼而戒懼，反成「去禍招福」之態；且「雷」爲陰陽二氣相搏而激發，故亦代表激發亨通之象。觀世音菩薩其身遍無量法界，即有如雷聲遠震，其無限大悲心，將使法界一切眾生受益不盡。以「大雲」來形容觀世音菩薩之「慈意」，大雲密布，蔭覆大地無數眾生，其「妙」正意指爲無所遮攔，凡有機者皆可得被。觀世音菩薩以「無緣大慈，同體大悲」而宣示如實真理，使眾生如飲甘露，除滅一切之煩惱而登覺境，此爲觀世音菩薩雖以大悲救苦爲入手處，然其終極處實爲欲使眾生皆能同證阿耨多羅三藐三菩提。觀世音菩薩之大慈大悲，普遍施予一切眾生，而眾生又當如何稱歎與供養，此爲〈觀世音菩薩普門品〉於文末有云：

　　觀世音淨聖，於苦惱死厄，能為作依怙，具一切功德，慈眼視眾生，福聚海無量，是故應頂禮。[19]

---

[17] 大正 9・58 上。

[18] 魏・王弼、韓康伯注，唐・孔穎達正義《十三經注疏・周易正義》，頁 114，「懼以成，則是以亨。」（台北：藝文印書館，1981 年）。

[19] 大正 9・58 上-中。

　　觀世音菩薩是以救度眾生「苦惱死厄」為其行願，其悲心無限，能深「觀」眾生之疾難，於苦海人生中，其大慈大悲可為眾生之依怙，只要眾生能心誠祈求、一心恭敬稱名，則必得觀世音菩薩之靈感護佑，以是種種因緣，眾生「是故應頂禮」。於民間信仰而言，「觀世音菩薩」是一指標象徵意義，所謂人人皆知「觀世音」，家家都拜「大慈航」，足見「觀世音菩薩」思想信仰之普遍性，而坊間總稱「觀世音菩薩」之稱號為：「大慈大悲救苦救難廣大靈感觀世音菩薩」，此中確然點出觀世音菩薩之特德有三：一慈悲，二救苦難，三廣大靈感。對佛菩薩之特德信仰，除一心稱名、恭敬、頂禮外，學人當由對觀世音菩薩之信仰，轉而效法並學習其特德精神，而觀世音菩薩之三個特德之中，「廣大靈感」為代表菩薩之自在神力，此乃非凡夫可一步及之。而「救苦難」之方式與範圍，於〈觀世音菩薩普門品〉之敷陳裡，更是菩薩為度脫眾生所展現之無畏威力，如是亦非常人所能為之。唯「慈悲」精神，是眾生可學習效法之，「慈悲」之義，簡言之，即是「以眾為我」，將眾生視為自己，能視人如己，在人飢己飢、人溺己溺之下，必能有「感同身受」之覺，才能大興慈悲，故「慈悲」於己而言，無非即是一種「服務大眾」之精神，亦可謂是一高層次之自我修養，所謂「無緣大慈、同體大悲」，其內涵正在於能「盡心盡力」服務他人，且於襄助他人之中，並不希求任何之代價與回報，如是之高尚情操，是否人人可同具？據云：「慈悲是佛性的表現，而佛性又是普遍的，那麼，慈悲思想便應該是普遍的。」[20]佛教肯定人人皆有佛性，眾生皆可成佛，即使如「闡提眾生」，亦終有成

---

[20] 高柏園《禪學與中國佛學》，頁305，（台北：里仁書局，2001年）。

佛之期；佛性為人人本自具足，故佛之萬德莊嚴亦是人人本已有之，而眾生與佛之差異，唯在如何將「佛性」推之極至，此亦可謂是如何將佛性擴充以至成佛之境。依佛教各宗之教義，成佛之工夫歷程或各有不同，但「慈悲」則為各宗之必然肯定，此亦正表現「慈悲」可謂是佛門修養論之核心。佛之降世是以一大事因緣而出現於世間，此一大事因緣，即是「生死之大事」，佛為引眾生了脫生死輪迴，其「出世」正是最大慈悲之示現。依如來之證悟而言，一切大地眾生皆同具如來之智慧德相，只因妄想執著而不能顯了，而去除妄想執著之方法，即在「慈悲」上；佛既肯定如來智慧德相為一切眾生本自同具，此即是對「佛性」普遍性之肯定，故依「佛性」流露為具體行為之表現上，「慈悲」亦必為眾生普遍所同具之，則如是之理路亦為恰然。

　　〈觀世音菩薩普門品〉以「普門」而闡述觀世音菩薩之「慈悲」是周遍法界而通達無礙，本品借由種種眾生之苦難，觀世音菩薩皆可尋其聲而施予救度，此正示意著：眾生各依己力、己願，於一己之才能上而行一己之救度，此即是眾生「慈悲」精神之表現；而「觀世音菩薩」是概括一切眾生慈悲服務之總體象徵，法界之任何一眾生，皆可在「悲」與「慈」中將佛性推至極處，如是，則「慈悲」已非只是一種服務人生之修養，實際是將原本之自我完全充分流露而已，若言除執可顯露佛性，則「慈悲」更可謂是「成佛」之推手。

二、普賢之「大行」

(一)「普賢」之名號於《華嚴經》與《法華經》中所代表之意義

　　於八十《華嚴經》中，「普賢」代表行願之圓滿，是「依人證入」之終極目標；而《法華經》更以普賢「勸發」爲結。就整體佛法而言，不同之經論雖有法義之深淺，但一切之佛法義無非在指向能「修證成佛」，而「普賢菩薩」是「大行」之代表，是一切修持菩薩道者所必然要依循之「大行」。今先論「普賢」名號所象徵之意義，據隋·智顗《法華文句》卷 10 下〈釋普賢菩薩勸發品〉云：

> 今明伏道之頂，其因周遍曰普；斷道之後，隣于極聖曰賢。若十信是伏道之始，非頂非周隣于初聖之初，非後非極，乃至第十地亦非周極，況前諸位乎。今論等覺之位，居眾伏之頂，伏道周遍故名爲普，斷道纔盡所較無幾，隣終際極故名爲賢。[21]

　　於佛教之各經論中，所言之「修行」方法與階位各有不同，然大抵以「五十二階位」爲一總概說。[22]此「五十二階位」乃是一綜合之論，故彼此之間並不確然具有「階次」關係，但對於一切之修證而言，「信」確可爲初階，因若無法「深信」修證之歷程，則終難登正等正覺之境。「普賢」之名是代表「菩薩」行之最圓滿，若以菩薩行之圓滿而言，其「境地」實與佛無異，然普賢終不以

---

[21] 大正 34·148 上。

[22] 《佛光大辭典》上冊，頁 1044，「五十二位」條：「大乘菩薩之五十二種階位。即十信、十住、十行、十迴向、十地、等覺、妙覺。此等菩薩之階位，諸經論所說不一。」（高雄：佛光出版社，1989 年）。

「佛」號之，實爲彰顯「修證過程」之寶貴，以「十信」爲「伏道之始」，是爲說明所謂佛門之修證，是有「始」、有「極」。「普賢」之「普」，是爲「周遍」；而「賢」是「隣終際極」，此兩者合之即可闡釋爲：「周遍」其義在廣，以向外延伸擴展爲主，在「普」之下，實無有窮盡之期，故即使是至「第十地」或至「等覺」之位，皆只是「周遍」中所涵蓋之範圍；而「隣終際極」其義在高，以向上攀頂爲要，然證得「賢」位，並非是「頂極」，更非是「究竟」。「普賢」以「菩薩」而名之，力行「普遍」、「究極」之方向而努力，此心、此行確可謂「依人證入」之極致，故智顗《法華文句》卷10下〈釋普賢菩薩勸發品〉有云：「釋論引十四夜月，如十五夜月，斯義明矣！此約圓教位，釋後位普賢也。」[23]若以「佛境」爲「十五夜月」，則普賢行是「十四夜月」，而以「十四夜月如十五夜月」，則是肯定普賢菩薩圓滿行已然等同「佛地」，然「十四夜月」終不是「十五夜月」，常人以「十五」爲「圓滿」，而視「十四」爲最深之契盼，因再一「微轉」，即至「圓滿無缺」。人們雖喜十五月圓，但更對「十四」將達至「月圓」前一刻之嚮往；「十五月圓」是令人讚美的，但「十四月夜」卻始終帶予未來無窮之期待。於佛門修證而言，即使已至「妙覺」佛位，然在「華藏世界海」裡，法界無窮無盡，此方之法界時間數，若相較於彼方恐不及千萬億分之一，而法界中尚有無窮數之法界，是無法以計數，更無法量化，而所謂「成佛」，實亦無法僅以某一法界之「周遍」與「終極」爲論，依華嚴之法界觀而論，則「普賢」之大行，反更能彰顯「成佛」決不代表「結束」或「頂點」，而所謂「成佛」

---

[23] 大正34‧148上。

仍需永持心境之精進再精進，如是之境地歷程，正如「普賢」名號意義：「斷道纔盡所較無幾，隣終際極」，永遠有再進步之空間。

　　「普賢」之名號，於佛門中是廣被所知的。於中國隋唐佛學宗派中，以天台與華嚴兩宗為代表義理思想達一高峰處，此兩宗代表之經典分別為《法華經》與《華嚴經》，其中《法華經》最後一品即為〈普賢菩薩勸發品〉，即是以「普賢」為代表「行」之圓滿成就，當以流通勸發化他為結；而八十《華嚴經》最後一品為〈入法界品〉，主要在闡述如何「依人證入」佛境之過程，以善財童子為代表，五十三參之過程中，是以「彌勒菩薩」而「文殊師利菩薩」，而「普賢菩薩」為圓滿願行，如八十《華嚴經》〈入法界品〉卷 80 所云：

> 爾時善財童子，依彌勒菩薩摩訶薩教，漸次而行。……住其門所，思惟文殊師利，隨順觀察，周旋求覓，希欲奉覲。是文殊師利，遙伸右手。按善財頂，作如是言：善哉！善哉！善男子！若離信根，心劣憂悔，功行不具，退失精勤，於一善根，心生住著，於少功德，便以為足，不能善巧發起行願，不為善知識之所攝護，不為如來之所憶念，不能了知如是法性，如是理趣，如是法門，如是所行，如是境界。若周遍知，若種種知，若盡源底，若解了，若趣入，若解說，若分別，若證知，若獲得，皆悉不能。[24]

　　善財童子代表已發心之眾生，欲親近善知識，欲具足一切智、

---

[24]　大正 10・439 中。

欲效法行一切行，而「參訪」是具一切智與行之初因緣，此中之重點在「勿生疲厭」上，故善財之「遍參」確具深意。於求證得悟之過程中，發心當發廣大之心，願行當行圓滿之行，此即如善財童子所求：「唯願聖者，廣為我說，菩薩應云何學菩薩行？應云何修菩薩行？應云何趣菩薩行？應云何行菩薩行？應云何淨菩薩行？應云何入菩薩行？應云何成就菩薩行？應云何隨順菩薩行？應云何憶念菩薩行？應云何增廣菩薩行？應云何令普賢行速得圓滿？」[25]由學、修、趣、行、淨、入、成就、隨順、憶念、增廣菩薩行，此是歷程，此是分別，此中即有階位之差別，如是看似層層精進之修持，然試問「學」又如何能有窮盡之一日呢？此亦如老子所言：「為學日益。」[26]當所謂「格物致知」之「道問學」，為格一物、知一物，如是之向「外學」終無窮究之期。此亦如文殊師利告誡善財所言：「若離信根，心劣憂悔，功行不具，退失精勤」等之弊病產生，皆來自一「信根」不足，而所謂「應云何令普賢行速得圓滿？」正以「普賢行」為「圓滿」，而《華嚴經》之「圓滿」，係指「圓滿無缺」、「圓融無礙」，故文殊師利之指點善財童子，應以「信」為「善源功德母」，才有得入「普賢行圓滿」之期。以致八十《華嚴經》〈入法界品〉卷80再接續云：

> 是時文殊師利，宣說此法，示教利喜，令善財童子，成就
> 阿僧祇法門，具足無量大智光明，令得菩薩無邊際陀羅尼，
> 無邊際願，無邊際三昧，無邊際神通，無邊際智，令入普

---

[25] 八十《華嚴經》卷62，大正10‧333下。
[26] 《老子》第48章。

賢行道場。[27]

於是善財，思惟觀察，一心願見文殊師利，及見三千大千世界微塵數諸善知識，悉皆親近，恭敬承事，受行其教，無有違逆。增長趣求一切智慧。學一切佛廣大功德。智周法界於一切佛剎。一切諸有，普現其身，靡不周遍。摧一切障，入無礙法。住於法界平等之地，觀察普賢解脫境界，即聞普賢菩薩摩訶薩名字行願，助道正道，諸地、方便地、入地、勝進地、住地、修習地、境界地、威力地、同住渴仰，欲見普賢菩薩，即於此金剛藏菩提場，毘盧遮那如來師子座前一切寶蓮華藏座上，起等虛空界廣大心，捨一切剎離一切著無礙心。[28]

文殊師利之用心，在引善財童子能入圓滿之普賢行，而普賢之圓滿願行，是以「信」為根柢，而非僅以層層之學為滿足而已，故指出「住」心而自以為滿足，將無法圓盡如虛空法界之圓滿行。《華嚴經》暢論「一即一切」，故善財童子若欲入普賢之圓滿願行，首要即是離卻「障礙」，才能得入「平等」，明白任何法界皆涵藏包羅無量之法界，在「華藏莊嚴世界海」裡，一成佛即十方皆成佛，當「善財童子觀普賢菩薩身，一一毛孔中，皆有不可說、不可說佛剎海，一一剎海，皆有諸佛，出興于世。」[29]如是善財所觀之「普賢菩薩」已即是與「佛身」根本是相融為一體。而「善財童子，又見自身在普賢身內，十方一切諸世界中，教化眾生。」

---

[27] 大正 10・439 中。
[28] 大正 10・439 中-下。
[29] 大正 10・442 上。

30至此境界，善財已與普賢菩薩相融為一。在《華嚴經》中之「華
藏莊嚴世界海」，「法界」是無有「數」盡之時，在「圓滿」之架
構下，一法界相比於另一法界，其「數」常為「算數譬喻」亦不
能及，然善財童子又當如何才能圓滿普賢行願呢？如八十《華嚴
經》卷80云：

> 善財童子從初發心，乃至得見普賢菩薩，於其中間，所入
> 一切諸佛剎海，今於普賢一毛孔中，一念所入諸佛剎海，
> 過前不可說、不可說佛剎微塵數倍，如一毛孔、一切毛孔，
> 悉亦如是。
> 善財童子於普賢菩薩毛孔剎中，行一步，過不可說、不可
> 說佛剎微塵數世界，如是而行，盡未來劫，不能知一毛孔
> 中剎海次第。31

於「華藏莊嚴世界海」中，是一層層無盡之「網」，每一「法
界」或每一「身相」，彼此皆是互為相通的，故於「華藏世界海」
裡，無法言分別或階次，因每「一毛孔」裡亦有無量數之「一切
毛孔」，以至當善財童子於參訪至文殊師利時，文殊師利不再為其
說明不同法門之特色，因一切之法門皆將同入於普賢圓滿行中，
故文殊師利唯在指點善財童子以入「普賢行道場」為要。然在「法
界」猶如一毛孔中有無量微塵數剎海之架構下，善財童子欲圓滿
普賢行豈不成為不可能之事？故分析、階次之路終將與「圓滿行」
漸行漸遠，唯以非分析、非階次才能得盡「圓滿」，故八十《華嚴

---

30 大正 10・442 上。
31 大正 10・442 中。

經》卷 80 末總云是：

> 善財童子於普賢菩薩毛孔剎中，或於一剎經於一劫，如是
> 而行，乃至或有經不可說、不可說佛剎微塵數劫。如是而
> 行，亦不於此剎沒，於彼剎現。念念周遍，無邊剎海，教
> 化眾生，令向阿耨多羅三藐三菩提。當是之時，善財童子
> 則次第得普賢菩薩諸行願海。與普賢等、與諸佛等，一身
> 充滿一切世界，剎等、行等、正覺等、神通等、法輪等、
> 辯才等、言辭等、音聲等、力無畏等、佛所住等、大慈悲
> 等不可思議，解脫自在，悉皆同等。[32]

普賢菩薩之圓滿行願，是不採「於此剎沒，於彼剎現」的，因「一沒」、「一現」則有相對分別，此非「圓滿」義。「圓滿之方式」是：一·「念念周遍，無邊剎海」，此即「一念無邊」、「一念萬萬年」，永不停竭，無有二念，一即萬、萬即一，一即一切，一切即一。二·一切「同等」，善財與普賢、諸佛之無邊功德「同等」，此「同等」並非是指「完全相同」，而是立足在「一身充滿一切世界」上，此謂佛於正覺境界中，其威光、智德之所見，一一眾生皆同入於佛身之中，故一成佛則十方皆成佛。《華嚴經》以善財童子五十三參之結果是為得證圓滿普賢行，而善財童子之所以能「與普賢等」、能「與諸佛等」，其因並不在「善財」或「普賢」之身上，其真正之因乃佛之功德所致，故當善財童子能「得普賢菩薩諸行願海」之不可思議解脫自在，其後即為普賢菩薩以偈頌，讚

---

[32] 大正 10·442 中。

美「佛功德海一滴之相」,如經云:

> 佛智廣大同虛空,普遍一切眾生心,悉了世間諸妄想,不
> 起種種異分別。……隨眾生心種種行,往昔諸業誓願力,
> 令其所見各不同,而佛本來無動念。……剎塵心念可數
> 知,大海中水可飲盡,虛空可量風可繫,無能盡說佛功德。
> [33]

佛功德無法窮盡,此即恍若微塵、毛孔不可窮盡般,更何況微塵尚有無量數之微塵,一毛孔尚有無量數之毛孔呢!《華嚴經》是以佛於「阿蘭若法菩提場中,始成正覺。」[34]為本經之起始,故《華嚴經》之立場是「佛始成正覺」之境界,此為佛「剛」圓滿得證,其威光、智德、境界,當是最具「圓滿」時,以至智顗判《華嚴經》為「如日初出,先照高山」,此乃以佛之始成正覺之最圓滿境界為言,故唯上根人堪受教化,此當無有異論。然《華嚴經》至〈入法界品〉時,善財童子之無有疲厭一一參訪,正是為成佛歷程說明次序,然善財在文殊師利之指點下,亦終明白成就普賢圓滿行之要點在「同入」、在「平等」上,至此,可觀《華嚴經》之架構,大抵可分為三大部份:第一為佛始成正覺境界,於此境界中,因佛之功德照耀,一即一切(圓滿),佛是金光照耀,無所不遍,於「華嚴世界海」裡,個個都是佛。第二為修證之次序(分析),以「十地」為層層精進最具代表性。第三又回歸至以修證普賢行(圓滿)為結。《華嚴經》由「圓滿」而「分析」而「圓

---

[33] 大正 10‧442 下-444 下。
[34] 八十《華嚴經》卷 1,大正 10‧1 中。

滿」，則其所攝，亦即已由上根人而三乘根人，再引三乘根人同入一佛乘。惟在天台與華嚴不同之判教立場上，《法華經》與《華嚴經》其經文內涵確實有很大之不同，然以「佛」之立論而言，《法華經》爲言「三乘實同爲一佛乘」，與《華嚴經》始由佛始成正覺境界爲一精神最高之嚮往，再引學人逐步而至圓滿平等。若依此而視兩部經典，其間之相關連接點，即是在「普賢菩薩」上，在《華嚴經》中，普賢菩薩是圓滿行願之代表，且以讚佛功德無量爲「結」；於《法華經》中，普賢是以「勸發化他」同入佛乘爲「終」。

（二）普賢之「大行」與「勸發」之意義

「普賢」是菩薩之名，更是「行願」之代表，據四十《華嚴經》（又名：《入不思議解脫境界普賢行願品》卷 40 所述「普賢十大願行」爲：

> 爾時普賢菩薩摩訶薩，稱歎如來勝功德已，告諸菩薩及善財言。善男子！如來功德，假使十方一切諸佛經不可說佛剎極微塵數劫，相續演說不可窮盡。若欲成就此功德門，應修十種廣大行願。何等爲十？一者禮敬諸佛，二者稱讚如來，三者廣修供養，四者懺悔業障，五者隨喜功德，六者請轉法輪，七者請佛往世，八者常隨佛學，九者恆順眾生，十者普皆迴向。[35]

---

[35] 大正 10．844 中。

　　《華嚴經》以「十」表「圓滿」，能行此「十大願行」，即能成就一切圓滿之願行,此十大願行之內容敘述,有一特點即是:「虛空界盡,我禮乃盡」、「虛空界無有盡故,我此讚歎無有窮盡」、「煩惱不可盡故,我此供養,亦無有盡,念念相續無有間斷,身語意業無有疲厭」等,以至「懺悔、隨喜、請轉法輪、請佛住世、常隨佛學、恆順眾生、迴向」一皆需待「虛空界盡」始有窮盡之時。[36]以是知此「十大願行」看似有盡（十、圓滿）,實則無窮、無盡、無限量,因即使「虛空有盡」,「願行」亦終不盡;惟既言是「虛空」,其義本是「虛」與「空」,則本不可限量與規範。八十《華嚴經》中與「普賢菩薩」相關之品目有〈普賢三昧品〉[37]與〈普賢行品〉[38],皆代表普賢之修持與願力,終將能「成熟一切眾生,則能隨順阿耨多羅三藐三菩提,則能成滿普賢菩薩諸行願海。」[39]顯然,普賢欲藉十大願行而「成熟一切眾生」,在度化眾生之過程中,普賢菩薩亦完成其依願而行、憑行而證果之目標。於佛門中,向以文殊師利表「大智」,以普賢表「大行」,而「大行」之內涵,終不離以「度眾」為根抵。

　　《法華經》有〈普賢菩薩勸發品〉,所謂「勸發」,即是「勸導發揚流通」,「普賢」可為某一特殊菩薩之名,惟普賢可為一通稱,即是凡行「普賢行」者,皆可號曰「普賢菩薩」。以下即分述本〈勸發品〉之要義:

　　1. 普賢菩薩之出現：自東而來勸發。

---

[36] 大正 10‧844 中-846 中。
[37] 大正 10‧32 下-34 中。
[38] 大正 10‧257 下-262 上。
[39] 大正 10‧846 中。

　　普賢菩薩爲讚揚《法華經》之殊勝，爲令眾生能修持法華妙行，故〈普賢菩薩勸發品〉首先即描述普賢菩薩之出現，如本品所云：

　　　爾時，普賢菩薩以自在神通力，威德名聞，與大菩薩無量
　　　無邊不可稱數，從東方來，所經諸國，普皆震動⋯⋯。又
　　　與無數諸天、龍⋯⋯人非人等，各現威德神通之力，到娑
　　　婆世界，頭面禮釋迦牟尼佛。[40]

　　普賢之所伴涵蓋菩薩及一切諸天、龍等，可謂「無量無邊」之法界盡攝之，此則代表普賢之所化是「普遍周到」；而「從東方來」則表普賢不以住某一方所爲志，唯不住於「方」才能契合普賢欲求「成滿普賢菩薩諸行願海」之「大行」。唯普賢與一切大眾至娑婆禮拜釋尊，其因在：「我於寶威德上王佛國，遙聞此娑婆世界，說《法華經》。」[41]於《華嚴經》中，「普賢行願之意義」，是代表「成佛」之歷程，[42]必要於一切法門皆能圓滿修證，此中當亦不廢「法華」，以至普賢因遙聞娑婆有演說《法華經》時，即以神通力而往求之。

　　2. 成就四法，於如來滅後，當得是《法華經》。

　　能親自聽聞釋尊演暢《法華經》是爲最具智慧福德者，然後世眾生，又將以何因緣而得聞之呢？此爲眾生之最關心處，而普

---

[40] 大正 9・61 上。
[41] 大正 9・61 上。
[42] 參見拙著《華嚴經之「成佛」論》，頁 181-204，（台北：萬卷樓圖書公司，2006 年）。

賢爲憫眾故,即向釋尊提問,如本品所云:

> 佛告普賢菩薩:若善男子、善女人,成就四法,於如來滅
> 後,當得是《法華經》:一者爲諸佛護念,二者植眾德本,
> 三者入正定聚,四者發救一切眾生之心。善男子、善女人,
> 如是成就四法,於如來滅後,必得是經。[43]

　　《華嚴經》有著名之「善財童子五十三參」之闡述,[44]「五十三」處之「參訪」,無非在尋求如何修持菩薩行以達證悟成佛。然善知識終有消失之一天,雖無法親訪親聞,惟能得其「嘉言懿行」之記錄,並依之行證,則亦如親近親侍。《法華經》爲佛之開演,能依之、行之者,必爲上根人;然若如來涅槃後,學人亦必有相當之行證才能與是經相應,此中,佛所提出之四法,實亦一修證「成佛」之歷程,試分述如下:

　　(1) 爲諸佛護念:此爲種善根之初步,於佛之言、行能起欣慕響往心,簡言之,要有道心道念,若全然爲凡夫生死之種子,終無法與佛相契應,亦終無法獲致「諸佛」之所「護念」。

　　(2) 植眾德本:有了初階之道心道念後,則更要將此「善根」善護念、善護持,簡言之,即是當要加強鞏固「善根」,不使外惡入侵,其方法唯在一方使善增,一方使惡滅,故深植一切福慧(德本),確是使往成佛之路再踏一階。

　　(3) 入正定聚:「善根堅定」代表往成佛之方向無誤,然所謂「成佛」並非只是「去惡從善」而已,是要再進一步入於證悟之

---

[43] 大正9‧61上。

[44] 八十《華嚴經》卷62-80,大正10‧322上-442中。

境界，即得證無上正等正覺。

(4) 發救一切眾生之心：證悟成佛究竟所為何事？「成佛」若只為自身之逍遙，如是之心量尚不及「菩薩」，又何能以「如來」為佛之尊稱呢？故佛之「業」即是罣礙眾生，心心念念在救度眾生上。以上之四法，實是由凡夫至佛地，以至行佛行之歷程；亦唯有成就此四法，才能於生生世世坦然再入輪迴而救度眾生，以如是之堅定行，才能「於如來滅後，必得是《法華經》。」以佛心、佛行才能有必得《法華》之機緣，亦足見《法華經》之內容亦必能相應佛心：欲令一切眾生入佛知見、一切眾生終可得證三藐三菩提。

上之「四法」，隋・智顗於《法華文句》卷 10 下〈釋普賢菩薩勸發品〉更明言：「當知此四與開權顯實名異體同，無二無別。」又言：「流通之方，唯三唯四。」又：「弘宣之要，即四而三。」[45]今以表格呈現其義如下：

四法	開示悟入	流通之方	弘宣之要
佛所護念	開佛知見	著如來衣	身安樂行
植眾德本	示佛知見	坐如來坐	口安樂行
入正定聚	入佛知見	著如來衣	意安樂行
發救眾生	悟佛知見	入如來室	誓願安樂行

雖言於〈普賢菩薩勸發品〉中，特言：「成就四法，於如來滅

---

[45] 大正 34・148 中-下。

後，當得是《法華經》。」[46]唯《法華經》之所論不在「法相」義，而在「諸法實相」上，而所謂「諸法實相」無非在說明一切眾生皆本是佛，故法華妙義唯在開示悟入佛之知見，欲令凡夫不溺陷於「眾生知見」中，以為「成佛」是遙遠難盼之事。本〈勸發品〉其義在「勸發」上，故分「四法」以言「流通」，然此「四法」即「一法」，亦即是為「開權顯實」、「開迹顯本」而設「四法」，對於為何要強分「四法」，智顗之釋如下：

> 何者四法之要，該括正通，何者佛雖無偏，若能遠惡從善，反迷還正，開權知見，顯佛知見者，則稱可聖心諸佛護念。若佛知見開，則般若照明，是植眾德本，亦是入正定聚，不亂不味，不取不捨，亦是發救眾生。[47]

　　「四法」實可概括為一法，即「開佛之知見」，因眾生流轉於生死煩惱中，難有出期，亦不敢盼有成佛日，此即《法華經》前半部，以多種譬喻，巧說貧童（眾生）原為富子（佛子），一切眾生本具如來善根因緣，此即為「開佛知見」。眾生一旦能「開佛知見」，則與諸佛必能相應，亦必為「諸佛護念」，亦即能返轉長夜而往光明道上行，則所謂「植眾德本」與「入正定聚」亦必然於般若妙智之下而實證，終至「發救眾生」以證佛果，故如何能「開佛知見」予眾生，才是「四法」之本，亦是《法華經》最大著力處。

---

[46] 大正 9・61 上。
[47] 隋・智顗《法華文句》卷 10 下〈釋普賢菩薩勸發品〉，大正 34・148 中。

3. 守護受持《法華經》者。

(1) 除其衰患，使無伺求得其便者。

凡夫眾生若「開佛知見」後，欲行「四法」而受持《法華經》，唯發心容易，修持難，障礙重重，故普賢菩薩為勸發流通《法華經》，即以大誓願力當守護受持者，其首要即要「除患」，並細分為「十二外患」為：「若魔、若魔子、若魔女、若魔民、若為魔所著者、若夜叉、若羅剎、若鳩槃荼、若毘舍闍、若吉遮、若富單那、若韋陀羅等諸惱人者，皆不得便。」[48]

(2) 安慰其心，還令通利，示教利喜。

於佛門之造像中，普賢菩薩是乘「六牙白象王」；普賢菩薩以大誓願力為眾生除外患外，更要進一步守護、受持、讀誦《法華經》者，如本〈勸發品〉所云：

> 是人若行若立，讀誦此經，我爾時乘六牙白象王，與菩薩眾，俱詣其所，而自現身，供養守護，安慰其心。[49]
> 是人若坐思惟此經，爾時我復乘白象王，現其人前。其人若於《法華經》有所忘失一句一偈，我當教之，與共讀誦，還令通利。[50]
> 世尊！若後世後五百歲，濁惡世中。求索者、受持者、讀誦者、書寫者，欲修習是《法華經》，於三七日中，應一心精進，滿三七日已，我當乘六牙白象，與無量菩薩而自圍繞，以一切眾生所喜見身，現其人前，而為說法，示教利

---

[48] 大正 9・61 上。
[49] 大正 9・61 上-中。
[50] 大正 9・61 中。

喜。亦復與其陀羅尼咒。[51]

　　普賢菩薩之誓願勸發，所護當有二，一為人、一為法。若為
護人，首當除其外患；若為護法，當使受持「法」者能通利歡喜，
惟護法即護人。普賢菩薩以「乘六牙白象」而出現，是為令眾生
信心大增，能專一思惟精進，本品更以「陀羅尼咒」[52]而敷展普
賢之威力，「咒」為「秘密」義，[53]其文不譯，實為強調「信」之
重要，不強調其文之字義解說，故云：「世尊！若有菩薩，得聞是
陀羅尼者，當知普賢神通之力。若《法華經》行閻浮提有受持者，
應作此念，皆是普賢威神之力。」一般所言之「陀羅尼」，義為「總
持」義，此乃在說明，「法義」之敷陳終有盡，「言說」必有不圓
詳周全處，而「陀羅尼」無非是將佛、菩薩之一切心思以「總體」
性之呈現，學人是在佛、菩薩之加持下，而融入其「陀羅尼」中，
於「三昧」中，眾生與佛、菩薩相融為一體，且以世尊「四十九
年來未曾言一字」而論，所謂「陀羅尼」亦是「假」（暫時義），
亦終成「空」，唯眾生能得入「中」道第一義諦，是謂為真實義，
而此「假」、「空」、「中」亦本「是三為一」，無分無別。本〈普賢
菩薩勸發品〉為《法華經》最後一品，能得聞普賢神咒是為「聞
品益」，亦是「聞經益」，[54]本品自「普賢陀羅尼咒」至文末，一
皆在舉受持《法華經》所將獲得之勝因極果：「為諸如來手摩其頭」

---

[51] 大正 9・61 中。

[52] 大正 9・61 中。

[53] 《佛光大辭典》中冊，頁 3113，「咒」條：「指不能以言語說明的特殊靈力之
秘密語。」（高雄：佛光出版社，1989 年）。

[54] 隋・智顗《法華文句》卷 10 下〈釋普賢菩薩勸發品〉：「發益之文：一聞品益，
旋陀羅尼是初地位，具普賢道是十地位。二聞經益，大眾歡喜是也。」（大
正 34・149 上）。

（以示器重），「為千佛授手」（令不恐怖、不墮惡趣），「生天」（以示近果）等，[55]然受持《法華經》之極果是：「得阿耨多羅三藐三菩提，轉法輪、擊法鼓、吹法螺、雨法雨，當坐天人大眾中，師子座上。」[56]顯然普賢雖是「菩薩」行之代表，但其結果是與佛之得證無別；而《法華經》以普賢「勸發」為結，正為表明「護法」之決心，世尊於本品之末舉弘宣《法華經》所當得之功德，實為增益學人能勇銳傳揚佛之本懷，亦即一切眾生於遠劫以前即已有得證阿耨多羅三藐三菩提之本願，故一切眾生終將成就無上正等正覺。《法華經》之目的，在使眾生能「憶念」遠劫之本願，此即如《佛說觀普賢菩薩行法經》云：「尊者阿難、長老摩訶迦葉、彌勒菩薩摩訶薩三大士異口同音白佛言：世尊！如來滅後，云何眾生起菩薩心，修行大乘方等經典，正念思惟一實境界？云何不失無上菩提之心？云何復當不斷煩惱、不離五欲，得淨諸根滅除諸罪？佛告阿難：如來今於此處，為未來世諸眾生等，欲行大乘無上法者，欲學普賢行者，我今當說其憶念法。」[57]所謂「一實之道」世尊早已廣分別言之，故弟子們再啟問如何起菩薩心、行大乘行、思惟一實境界等，佛之答言將採取「憶念法」，「憶念」著重在回憶過往、恢復記憶、念念不忘，佛之弘宣《法華經》，主要在使眾生能「憶念」得證阿耨多羅三藐三菩提之本願，故不論今生為聲聞、緣覺或菩薩乘，於佛而言，終歸只有「一佛乘」，此為眾生之本願，而佛所採用之「憶念法」，是為眾生增強「信心」，相信本願即是得證一實之道，此為佛開演《法華經》之用意，終

---

[55] 大正 9·61 下。

[56] 大正 9·62 上。

[57] 大正 9·389 中-下。

不在法相名言之敷陳上，而是以「憶念法」之信心加強為主。

柒、《法華經》之「神通」論

一、釋尊之本尊（佛地之遠本）與分身（師門之近迹）

　　「佛經」，若以廣義爲言，即是一切諸佛所留下之常法，以如是而論「佛經」，則其所涵括之說法對象當不僅只有「釋尊」而已。惟「佛經」與一般之哲學理論作品有甚大之差距，「佛教」之稱爲「宗教」，則其中必含有教義與戒律，然「佛經」除具宗教之色彩外，其內涵亦有甚重之「理論」敷陳，於此部份，則「佛經」確有「哲學」之意味，而「佛經」所具有之「哲學」傾向，終使後代宗師中有堪稱爲是「理論敷陳」之高手，此中以天台宗之智顗大師即可爲代表之一。天台宗所宗之《法華經》，據其內文剖析，則無「理論」敷陳之部份，其旨只有一：佛唯開一乘法，無二亦無三。惟智顗大師依據《法華經》而開敷，終有《法華玄義》（共20卷）與《法華文句》（共20卷）爲「理論敷陳」之兩大代表作。然不可忽略的是：「佛經」起源於印度，必受當地、時之風氣所影響，而「佛經」其中有一特色即是於「長文」敘述完後，多會再以「偈文」重宣其義，其中之「反複」性即是佛經特色之一。今以此「反複性」特色而觀之《法華經》，《法華經》「唯開一佛乘」之宗旨，實然已於〈方便品〉明述清楚，而其後之各種「譬喻」解說，所論亦皆是「唯一佛乘」宗旨之反複性說明罷了！《法華經》除其「宗旨」、「譬喻」之反複論說外，終不廢有「神通力」之展現，此爲「佛經」之另一特色，今論《法華經》，除「宗旨」、

「譬喻」外，若不涉及至「神通力」之展現，則所呈現之《法華經》義旨，似有缺漏而不完整。

「佛經」為顯佛之神通殊妙，常有非凡夫所能見、能思之「場景」描繪。以《法華經》而言，更是「佛果」之展現，至此，任何「法義」之敷陳已然於他經圓盡，法華之要旨，只總論「一佛乘」，且此「一」，是「唯一」，換言之，前有關「三乘」之論述，皆可同入此「唯一」，佛於法義開演之過程，所呈現是「無上甚深微妙法」，然法義再如何之微妙，於「佛」之開演僅是一種「文飾」罷了，若甚深之法義無法令眾生契悟而得證佛果，此於眾生而言，亦只是「文字解說」，或曰是「戲論」而已。佛之開法只有一目的，為令眾生得證阿耨多羅三藐三菩提，此為佛之本懷，亦是《法華經》之要旨，為令眾生起深信心，至此，《法華經》已不再以呈顯法義之「文飾」為要，而是以展現佛功德神通殊妙，以令眾生明法華要旨之殊勝難得，據〈見寶塔品〉所云：

> 爾時佛前有七寶塔，從地踊出住在空中，種種寶物而莊校之。
>
> 爾時寶塔中出大音聲，歎言：善哉！善哉！釋迦牟尼世尊，能以平等大慧教菩薩法，佛所護念妙《法華經》為大眾說。
>
> 爾時有菩薩摩訶薩，名大樂說，而白佛言：世尊！以何因緣有此寶塔從地踊出，又於其中發是音聲？
>
> 爾時佛告大樂說菩薩：此寶塔中有如來全身。乃往過去東方無量千萬億阿僧祇世界，彼中有佛，號曰多寶，其佛行菩薩道時，作大誓願，若我成佛，滅度之後，於十方國土，有說《法華經》處，我之塔廟，為聽是經故，踊現其前，

為作證明。[1]

於佛教而言，「寶塔」為象徵佛之所在，《法華經》之〈見寶塔品〉，此中謂「寶塔中有如來金身」，故寶塔之所在，即佛之所在，而釋尊之最後圓說，是為令一切眾生皆得證無上正等菩提，此即為《法華經》之圓旨。《法華經》處，即代表佛之親在、親說，故以「塔廟踊現其前」之神通，來展現《法華經》之殊妙不可思議。據智顗之論：「阿含明四支徵：謂生處、得道、轉法輪、入滅四處起塔。今之寶塔是先佛入滅支徵。經云：佛三種身從此經生。諸佛於此而坐道場，諸佛於此而轉法輪，諸佛於此而般涅槃。只此法華即是三世諸佛之四支徵。先佛已居，今佛並佛，當佛亦然，此塔出來，明顯此事，四眾皆觀，故言見寶塔。」[2]「四支徵」即謂「四大靈塔」：生處、得道處、轉法輪處、涅槃處，此四處為「佛」一生之歷程，於此各為建「塔」，正表「佛」之（分身）所在是無所不在；今〈見寶塔品〉有特表明：「（多寶如來）全身在於塔中」，只要聽聞《法華經》故，即從地踊出，此為多寶佛之誓願。然眾生更願欲見「世尊分身」，此中之述如〈見寶塔品〉所云：

> 佛告大樂說菩薩摩訶薩：是多寶佛有深重願，若我寶塔，為聽《法華經》故，出於諸佛前時，其有欲以我身示四眾者，彼佛分身諸佛，在於十方世界說法，盡還集一處，然後我身乃出現耳！
> 大樂說：我分身諸佛，在於十方世界說法者，今應當集。

[1] 大正9‧32中-下。
[2] 隋‧智顗《法華文句》卷8下〈釋見寶塔品〉，大正34‧112下。

> 大樂說白佛言：世尊！我等亦願欲見世尊分身，諸佛禮拜
> 供養。
> 爾時佛放白毫一光，即見東方五百萬億那由他恆河沙等國
> 土諸佛。……
> 爾時諸佛各於此座結跏趺座，如是展轉遍滿三千大千世
> 界，而於釋迦牟尼佛一方所分之身，猶故未盡。時釋迦牟
> 尼佛，欲容受所分身諸佛故，八方各更變二百萬億那由他
> 國，皆令清淨。
> 即時釋迦牟尼佛，以神通力接諸大眾皆在虛空。以大音聲
> 普告四眾：誰能於此娑婆國土，廣說妙《法華經》，今正是
> 時，如來不久當入涅槃，佛欲以此妙《法華經》付囑有在。
> 3

佛教言佛有「三身」：清淨法身佛、圓滿報身佛、千百億化身
佛，其中「法身」代表佛所留下之教法與身教典範，此爲「佛」
之最高象徵；「報身」爲佛於累劫修持中，所獲諸之功德無盡，今
返轉回報於佛之色身上，所具有之三十二相、八十種好；「化身」
爲佛化度眾生之善巧方便，應眾生不同之身，佛即以不同之身而
爲化度，此「三身」亦可分別表徵佛之智慧、功德與慈悲。今《法
華經》特表「彼佛分身諸佛，在於十方世界說法」，此即意謂，向
以爲有「三身」之說，如是之表徵者唯僅就此「一佛」之德行而
言之，換言之，每一佛皆同具「三身」，此爲無有異議。唯所謂「分
身諸佛」，此所展現是佛之「神通」，佛與其神通功德，可將「己

---

3 大正 9．32 下-33 下。

身」同時變現爲無量數之「分身」，且此一一分身，皆可同時示現
於十方世界中而說法，至此，《法華經》所展現之妙境，彷彿是佛
之「神通示現」，然縱觀整部《法華經》，其意旨並非在「神通」
之展現上，故當多寶佛以其「分身諸佛於十方世界說法」時，釋
尊要其「盡還集一處」，然後我身（釋尊）乃出現，足見，釋尊所
在意並非「神通示現」，而是真身之真心，故要求分身諸佛務「盡
還集一處」，此即意謂務以真誠之身、心，才能真見釋尊之身，換
言之，唯有以「本尊」才能得見釋尊之身。

　　當釋尊示身之後，眾生又要求：「願欲見世尊分身，諸佛禮拜
供養」，釋尊示現「分身」，此即意謂釋尊之展現神通，而「諸佛
禮拜供養」（釋尊之分身），除仍具有「神通示現」之意涵外，於
《法華經》而言，實代表法華之妙旨正爲十方諸佛所禮拜、供養
與演說，而所有之演說者，皆爲釋尊之「分身」；依理「本尊」是
唯一，「分身」是否可代表「本尊」，《法華經》爲解決「本尊」與
「分身」之問題，故釋尊再展現一種神通，即「欲容受所分身諸
佛故，八方各更變二百萬億那由他國，皆令清淨」，釋尊之分身所
到之國土，亦必清淨一如釋尊「本尊」之所在國土，如是可爲「分
身」與釋尊身相連結，而釋尊分身之所到，即法華妙旨之所在，
此爲佛真正關注處，故知，爲使佛住當世一世之涅槃後，《法華經》
能永續傳承，佛之示現分身，正爲「付囑有在」，此一方爲佛之神
通示現，實然代表《法華經》爲佛之真實付囑流通。

　　釋尊以「釋迦牟尼身」而僅住世一世，其色身八十年，與常
人無異，其一生亦歷經出生、求學、結婚、生子，以至身老而病
死，釋尊之「一生」所示現，正爲說明：佛之「色身」終歸老病
死，其「色身」與常人一樣皆無法常住。然爲說明「佛」之所以

爲「佛」之殊妙與凡夫不同，故佛教有「佛身」說之提出，據云：「對於佛身的看法，大小乘各有不同，遠在世尊住世時，和滅後不久，弟子們即以世尊其身超越常人，圓滿清淨（三十二相、八十種好），並具有殊勝的能力（十力、四無畏）。到後來部派佛教，分別論者與大眾部主張佛身無漏之說，其壽量、威力皆具有無限性，此或指佛之生身而言。然而有部提出異論，主張佛的生身，亦爲煩惱業報之果，故仍屬有漏；但仍承認佛所成就的十力、四無畏等功德法、或佛之教法盡屬無漏，此稱爲法身。」[4]顯然，對於佛之「身」，佛教縱有內部之歧見，以至後世之發展亦有論說之不同，但可以肯定的是，於佛之色身無常背後，是絕然肯定「佛」有一「常住之身」存在，此或即爲「法身」之說，亦唯此「常住身」之被肯認，才能將佛爲何可分身遍至諸法界而說法，佛之成佛是久遠之事，佛於少時間可教化無量數之菩薩等，如是之行之所以爲可能之根據，即是佛有「常住身」。

今佛展現「分身說法」，實爲開師門之近迹，然於佛之「本尊」而言，實是佛地之遠本。以《法華經》所展現「寶塔從地踊出」，表面視之，爲是某種「神通」之示現，然「神通」說之理論根據，亦實來自於「佛身」常住之義。《法華經》依「常住佛身」觀而論「佛」實未曾滅度，而「佛」之尊號約有十（如來、應供、正遍知、明行足、善逝、世間解、無上士、調御丈夫、天人師、世尊），此十尊號亦可稱爲一切佛之「通號」，一切佛於不可思議阿僧祇劫成佛，其尊號亦如是；除佛之「尊號」爲「一致」外，《法華經》更以同一「名」以展現佛之「久劫、常住、不變」，於第一之〈序

4　黃香蘭《法華經的研究》，頁 78，香港能仁書院哲學研究所碩士論文，1990年。

品〉即云：「如過去無量無邊不可思議阿僧祇劫，爾時有佛，號日月燈明如來、應供……為諸菩薩說應六波羅蜜，令得阿耨多羅三藐三菩提，成一切種智。次復有佛，亦名日月燈明。次復有佛，亦名日月燈明。如是二萬佛，皆同一字，號日月燈明。又同一姓，姓頗羅墮。初佛後佛，皆同一字，名日月燈明，十號具足。」[5]此為明燈「佛」是久遠實成，是永遠之「佛」，而「佛」既是「常住身」，故與其說佛有「本尊」與「分身」之分，不如說「本尊」是依「本願」（顯實）而論佛之本實證成，而「分身」是依「方便」（開權）而言佛之慈悲善巧，唯一切善巧（分身）終歸入本願（本尊），故言：「東方釋迦牟尼佛所分之身，百千萬億那由他恆河沙等國土中諸佛，各各說法，來集於此。」[6]而眾生於歷劫之修持中，亦必：「已當供養無量千萬億諸佛，於諸佛所，常修梵行，受持佛智。」[7]《法華經》以「法身常住」而論佛之得證與度眾，亦以如是之「常住」佛陀觀而言眾生之修持，既以「常住」而論佛之「壽量」，故佛之「世界觀」亦必然是：「如來如實知見三界之相，無有生死若退若出，亦無在世及滅度者。非實非虛，非如非異。」[8]此皆是以「佛」為「常住」、「常在」之思想而論證「佛」之特點，此亦是《法華經》之一大特色。

二、眾菩薩「同時從地踊出」之意義

[5] 大正9‧3下-4上。
[6] 《法華經》〈見寶塔品〉，大正9‧33中。
[7] 《法華經》〈化城喻品〉，大正9‧25中。
[8] 《法華經》〈從地踊出品〉，大正9‧42下。

　　諸佛有誓願，於滅度後，欲供養其「金身」者，應起一大寶塔，其佛必以神通願力，凡十方世界在在處處有演說《法華經》者，彼之寶塔即「由地踊出」，以爲護持，此爲〈見寶塔品〉之意旨，於此，亦見佛不論滅度與否，皆爲「法」來。惟於《法華經》中，佛如何能以「少時間」而度化「無量無邊阿僧祇諸大菩薩」，此爲眾生之疑慮，爲展現佛爲無量數之大菩薩所護持，《法華經》有〈從地踊出品〉，於起首即展現一殊妙場景，如云：

> 爾時他方國土菩薩摩訶薩白佛言：世尊！若聽我等於佛滅後，在此娑婆世界勤加精進，供養是經典者，當於此土而廣說之。
> 爾時佛告諸菩薩摩訶薩界：止！善男子！不須汝等護持此經，所以者何？我娑婆世界，自有六萬恆河沙等菩薩摩訶薩，一一菩薩各有六萬恆河沙眷屬，是諸人等能於我滅後，護持讀誦廣說此經。佛說是時，娑婆世界三千大千國土地皆震裂，而於其中有無量千萬億菩薩摩訶薩同時踊出。是諸菩薩身皆金色，三十二相無量光明，先盡在此娑婆世界之下，此界虛空中住。是諸菩薩聞釋迦牟尼佛所說音聲，從下發來，一一菩薩皆是大眾唱導之首。[9]

　　他方國土菩薩摩訶薩欲於娑婆世界護持《法華經》，此舉爲佛所制止，此並非佛不願有更廣大之廣說《法華經》者，佛之意在說明：《法華經》之殊妙，於娑婆苦惱世界中，自有其眾菩薩願爲

---

[9] 大正 9．39 下-40 上。

護持廣說之因緣，而他方之國土世界，眾菩薩亦必有其不同之任務。對於「由地踊出」之義，據智顗所論：「師嚴道尊，鞠躬祇奉，如來一命，四方奔踊，故言從地踊出。三世化導，惠利無疆，一月萬影，孰能思量，召過以示現，弘經以益當，故言從地踊出。虛空湛然，無早無晚，或者執迹而闇其本，召昔示今，破近顯遠，故言從地踊出。寂場少父，寂光老兒，示其藥力，咸令得知，故言從地踊出。」[10]釋尊藉由無量數之菩薩同時從地踊出，且諸菩薩以種種讚法而讚於佛，然佛皆「默然而坐，及諸四眾亦皆默然，五十小劫，從神力故，令諸大眾謂如半日。」[11]如是之示現，實為說明：佛度眾無有疲厭，菩薩之護持亦無怠倦，且為說明眾菩薩同心之誓願，故「從地踊出」亦是「同時」，此中內涵意義據智顗之論而分析如下：

1. 謹奉佛之命故。

佛為三世之導師，佛於坐道場得成阿耨多羅三藐三菩提，即以佛勢力、佛功德而教化無量大菩薩當成無上正等正覺，今佛為《法華經》之妙旨弘宣，眾菩薩聞佛音聲而同時踊出護持，此為依佛為師尊，菩薩為弟子而然，是師徒關係之示現。

2. 娑婆之眾菩薩，必助佛弘經故。

佛如「一月」，眾菩薩為「萬影」，萬影同一月。佛為弘宣《法華經》於娑婆國土，則此土之菩薩眾必奉佛之召，其義有三：「是我弟子，應弘我法。以緣深廣，能遍此土益，遍分身土益，遍他方土益。又得開近顯遠。是故止彼而召下也。」[12]「娑婆」國土

---

[10] 隋‧智顗《法華文句》卷9上〈釋從地踊出品〉，大正34‧124下。
[11] 大正9‧40上。
[12] 隋‧智顗《法華文句》卷9上〈釋從地踊出品〉，大正34‧124下。

其因緣必不同於他方國土，唯「緣深」則度化才能事半功倍，此為佛特以導師之身分而特召菩薩弟子共為「弘經」之益。然除要弟子共助弘宣外，而佛之真正目的在使弟子能久植善根，以成就佛道，故謂「又得開近顯遠。」[13]今佛於《法華經》中是為令眾菩薩「開迹顯本」、「破近顯遠」，雖言依「本願」則一切眾生、菩薩皆本得證阿耨多羅三藐三菩提，然佛為度化眾生、菩薩還諸本願，則尚待有「迹」之修持，換言之，諸眾生、菩薩需「根利緣熟」，始得入於佛慧，以是佛設化城（二涅槃），所為在使眾生有修習善根之資糧，而今佛「顯遠」、「顯本」，菩薩才有契入之因緣。佛召菩薩共助弘經，表面為惠利三世眾生，實則最受益者當是菩薩們，此即是依「弘經」以助「自利利人」之示現。

3. 佛為開迹顯本故。

《法華經》之妙旨為佛之圓說，弘宣護持之，則福德將無窮盡，故他方國土之眾菩薩欲願住於娑婆世界而弘宣，故不待佛請而自來，唯佛「止」之，其義在於：(1)各菩薩各有己任，若住此土，則必廢彼土之利益。(2)凡事待緣，他方菩薩與此土之緣淺，於此土之弘宣恐利益不大。(3)佛為令弟子能開迹顯本，若許他方來，則「顯遠」將不得成。[14]由是除可看出「佛」之宣法廣受十

---

[13] 《法華經》〈從地踊出品〉：「假使有人，於千萬億劫，數不能盡，不得其邊。斯等久遠已來，於無量無邊諸佛所，植諸善根，成就菩薩道，常修梵行。」又：「佛亦如是，得道已來，其實未久。而此大眾諸菩薩等，已於無量千萬億劫，為佛道故，懃行精進，善入出住無量百千萬億三昧，得大神通，久修梵行，善能次第，習諸善法，巧於問答人中之寶，一切世間甚為希有。」（大正9‧41下）。

[14] 隋‧智顗《法華文句》卷9上〈釋從地踊出品〉云：「如來止之凡有三義：汝等各各自有己任，若住此土，廢彼利益一。又他方此土結緣事淺，雖欲宣授，必無巨益二。又若許之，則不得召下；下若不來，迹不得破，遠不得顯。」（大正34‧124下）。

方世界眾菩薩所護持外，亦顯《法華經》之旨在顯久遠實成之本願，故佛特召娑婆國土之菩薩，其義正是：「今日世尊方云：得佛道時，初令發心，教化示導，令向阿耨多羅三藐三菩提。」[15]唯令諸菩薩能真正悟入無上正等菩提，此為菩薩之本願，亦為佛之本懷，此即是依「本願」之示現而然。

　　4. 佛以少時間教化無量數諸大菩薩故。

　　智顗以「寂場少父」喻為「佛」，以「寂光老兒」喻為諸菩薩，依理「父老、子少」為常態，今佛為「少父」，而教化無量數早已久植善根之眾菩薩（老兒）此事確難信解；唯智顗特論：「住處者，常寂光土也。常即常德，寂即樂德，光即淨我，是為四德秘密之藏。是其住處，以不住法住秘藏中。」[16]顯然，眾菩薩之所以能同時從地踊出，並非是來自於同一「住處」，而是眾菩薩「不住法住秘藏中」，此即意謂，眾菩薩不以追求「常樂我淨」為目標，不以個人之「安樂清淨」為極致，而眾菩薩之同時從地踊出，其因唯在佛度眾之誓願無有窮盡上。對於眾生之疑：「如來為太子時，出於釋宮，去伽耶城不遠，坐於道場，得阿耨多羅三藐三菩提，從是已來，始過四十餘年。世尊！云何於此少時大作佛事，以佛勢力，以佛功德，教化如是無量大菩薩眾，當成阿耨多羅三藐三菩提。」[17]若以釋尊「一世」而論，釋尊之四十餘年實無法教化無量數阿僧祇之菩薩眾，此為釋尊以「釋迦牟尼」身而示現此世間；然佛之「成佛」，並非僅在當此世間而已，而是：「我實成佛已來，無量無邊百千萬億那由他劫。」又：「是諸世界，若著微塵

---

[15] 《法華經》〈從地踊出品〉，大正 9．41 下。
[16] 隋．智顗《法華文句》卷 9 上〈釋從地踊出品〉，大正 34．125 上。
[17] 《法華經》〈從地踊出品〉，大正 9．41 下。

及不著者,盡以為塵,一塵一劫。我成佛已來,復過於此百千萬億那由他阿僧祇劫。自從是來,我常在此娑婆世界說法教化,亦餘處百千萬億那由他阿僧祇國,導利眾生。」[18]所謂佛以「少時間」而教化無量數大菩薩,此是僅以當「一世」為視而論斷,但「成佛」是久遠實成之事,是歷劫已成之事,是超越一世間、一國土之事,故佛之「壽量」實恆無盡,而佛亦實未曾滅度,而佛以方便而言「少出家」、「入涅槃」,此皆為樂於小法之眾生而如是方便言耳!如云:「若有眾生來至我所,我以佛眼,觀其信等諸根利鈍,隨所應度,處處自說,名字不同,年紀大小,亦復現言當入涅槃。又以種種方便說微妙法,能令眾生發歡喜心。諸善男子!如來見諸眾生樂於小法,德薄垢重者,為是人說,我少出家得阿耨多羅三藐三菩提,然我實成佛已來久遠若斯,但以方便教化眾生,令入佛道,作如是說。」[19]今眾菩薩能同時從地踊出以護持《法華經》,實因佛之一切因緣譬說,皆為度眾之方便而已,而佛確然不以少時間而教化無量數菩薩,佛是壽命無量、常住不滅,且成佛已甚大久遠故,所作佛事未曾暫廢,以是因緣而度化無量數菩薩。

三、菩薩「自利化他」之神力

(一)寂用三昧(自利)與普現色身(化他)

《法華經》主在開演佛之本懷,欲令一切眾生得入阿耨多羅

---

[18] 《法華經》〈如來壽量品〉,大正9‧42中。
[19] 《法華經》〈如來壽量品〉,大正9‧42下。

三藐三菩提,若謂「得證」是「果」,則「本願」即爲「因」。《法華經》於前半部即爲憶念本願,是爲「因」;於後半部則強調弘宣法華之殊勝,此爲「果」。欲求修證得果則需依憑神力與功德,於《法華經》中有〈妙音菩薩品〉,所謂「妙音」,據隋・智顗《法華文句》卷 10 下云:

> 昔得一切眾生語言陀羅尼,今以普現色身,以妙音聲遍吼十方,弘宣此數,故名〈妙音品〉,此品明菩薩以難思之力,隨類通經。物觀其迹,莫測其本。[20]

「妙音」當指不可思議之「音」,於佛而言,「妙音」當爲「圓音」,據唐・法藏《華嚴經明法品內立三寶章》之〈圓音章〉所云:「如來能以一音演說一切差別之法。所謂貪欲多者,即聞如來說不淨觀,如是等乃至一切故名圓音。是故《華嚴》云:如來於一語言中,演說無邊契經海。二謂如來一音,能同一切差別言音,謂諸眾生各聞如來唯己語故。《華嚴經》云:一切眾生語言法,一言演說盡無餘。」[21]此爲「一」與「多」之關係,以佛而言,其演說當爲「一音」,此爲「一」;然如來之「一音」,能使不同眾生各隨其類而得解,此即爲「圓音」,一皆能滿足一切眾生不同之惑,此即爲「多」。然所謂「圓音」,又已然超越「一」與「多」之關係,此係指佛之「音」能「普遍一切」,如〈圓音章〉云:「佛一言音普遍一切,謂一切處、一切時、一切法等。根熟之者無遠不聞,根未熟者近而不聞。言遍一切處者,如智論目連尋聲極遠如

---

[20] 大正 34・144 中。
[21] 大正 45・620 下。

近故。二遍一切時，謂此圓音盡未來際，未曾休息。三遍一切法，無有一法非圓音所宣說者。四遍一切眾生，謂此圓音無有根器而不開覺。」[22]佛之音謂之「圓音」，主要在其「音」能遍一切處、時、法與眾生，如是所涵蓋之面可謂盡一切虛空法界之無窮數眾生，皆可在佛之圓音中而被攝化。

妙音菩薩以其「妙音遍吼十方」而弘宣《法華經》，如是「妙音」之功德成就，則來自於「三昧」之成就，如〈妙音菩薩品〉所云：

> 一切淨光莊嚴國中，有一菩薩，名曰妙音，久已植眾德本，供養親近無量百千萬億諸佛，而悉成就甚深智慧，得妙幢相三昧、法華三昧、淨德三昧、宿王戲三昧、無緣三昧、智印三昧、解一切眾生語言三昧、集一切功德三昧、清淨三昧、神通遊戲三昧、慧炬三昧、莊嚴王三昧、淨光明三昧、淨藏三昧、不共三昧、日旋三昧，得如是百千萬億恆河沙等諸大三昧。[23]

妙音菩薩「植眾德本」、「親近諸佛」，此為其福德、智慧成就之由來，舉十六「三昧」是為彰顯「福德莊嚴」之相，[24]此為妙音菩薩之因緣果報，妙音以其所成就之福德、智慧之相，其目的仍在度化一切眾生上，故〈妙音菩薩品〉云：「汝但見妙音菩薩其

---

[22] 大正45‧621中。
[23] 大正9‧55上-中。
[24] 隋‧智顗《法華文句》卷10下：「敘福之由，由值先佛多也。其深智慧即智慧莊嚴。十六三昧即福德莊嚴也。」（大正34‧144中）。

身在此，而是菩薩現種種身，處處爲諸眾生說是經典，或現梵王身、或現帝釋身、或現自在天身……人非人等身，而說是經，諸有地獄、餓鬼、畜生，及眾難處皆能救濟。是妙音菩薩能救護娑婆世界諸眾生者，是妙音菩薩如是種種變化現身，在此娑婆國土，爲諸眾生說是經典，於神通變化智慧無所損減。……現聲聞、辟支佛、菩薩、佛形而爲說法，如是種種隨所應度而爲現形。」[25]妙音菩薩之善根爲昔時「植眾德本」、「親近諸佛」之因，而現大神通智慧之力是爲今日之果，其現身涵蓋之範圍是：「示三十四凡身、四聖人身，結成十法界六道耳。」[26]妙音菩薩以「妙音」爲其名，但其神力能使其隨眾生應化而示現不同之身，可於法界往來自由無礙；此中代表妙音之「音」與「身」，此兩者之關係爲何？先觀〈妙音菩薩品〉所云：

> 爾時華德菩薩白佛言：世尊！是妙音菩薩深種善根。世尊！是菩薩住何三昧，而能如是在所變現度脫眾生？佛告華德菩薩：善男子！其三昧名現一切色身，妙音菩薩住是三昧中，能如是饒益無量眾生。……此娑婆世界無量菩薩，亦得是三昧及陀羅尼。[27]

妙音菩薩是住於「三昧」是爲自利，而「現一切色身」則爲利益眾生。而「三昧」與「陀羅尼」之關係，如智顗所言：「三昧與陀羅尼，體一而用異。寂用爲三昧，持用名陀羅尼。又色身變

---

[25] 大正 9・56 上-中。
[26] 隋・智顗《法華文句》卷 10 下〈釋妙音菩薩品〉，大正 34・144 下。
[27] 大正 9・56 中。

現名三昧，音聲辯說名陀羅尼。初得一切色身三昧，轉身得一切
語言陀羅尼，當知音聲猶是色法，故言體一用異。又舌根清淨名
陀羅尼，餘根清淨名三昧。都是六根清淨法門耳！」[28]顯然，「三
昧」是指定力之成就，故曰「寂用」，此為內在之深沉養成；而發
為言音則為「陀羅尼」，故言「持用」。菩薩依三昧定力之展現，
則能變現種種身，而眾生可依菩薩之示相以蒙其攝化；菩薩依音
聲言說之敷陳，則成辯才無礙，以令諸天歡服。若依「塵」而論，
示身是塵，言說亦是塵，「得色身三昧轉為語言陀羅尼」，於菩薩
而言皆是自在一如的，故曰三昧與陀羅尼是「體一用異」。若將三
昧與陀羅尼轉之於「六根」，則舌根為言說清淨，故當屬為「陀羅
尼」，其餘之眼、耳、鼻、身、意根清淨當是「三昧」，總不離六
根耳！

（二）陀羅尼之持用（自利化他）

　　妙音菩薩為弘宣《法華經》，以「三昧」之定力為內，發之於
外，即為「普現色身」與「語言陀羅尼」，雖於菩薩而言，不論是
「三昧」或「示身」與「陀羅尼」，皆可運用自如，但其間卻有作
用之分別不同。「三昧」是一種自我定力之深沉修持，此於菩薩而
言，當是「功力」越深厚越好，此乃於自度度人上是最根本之道，
若菩薩三昧定力不夠，實亦不具「留惑潤生」之智德，故依「三
昧」而言，確為顯菩薩之智慧、福德之莊嚴，此可歸之為「自度」。
於「示身」而言，菩薩應不同眾生而普現不同之「身」，實為啟信

---

[28] 隋・智顗《法華文句》卷 10 下〈釋妙音菩薩品〉，大正 34・144 下。

眾生，能信法、行法與證法，故於「示身」而言，可歸之於「度人」。至於「陀羅尼」，此為「語言三昧」，將深奧之經義、長篇之經文，總結為「陀羅尼」，於持「陀羅尼」時，唯以「深信」為上，發之於口，聽之於耳，而入之於心；表面是由口出，實是依「心」起，以此音聲，與經文經義相合一；以此音聲，與諸佛菩薩相應和；甚至與此音聲與宇宙、天、地、人、萬物萬類相呼應，若能有此境地，才可謂為持「陀羅尼」，而「陀羅尼」義為「總持」，即以此「陀羅尼」使無量法界之無盡數眾生皆可「總」合修「持」，同入於一「陀羅尼」中，故以「陀羅尼」而言，一可為「自度」，亦可為「度人」。

「妙音」菩薩以「難思之力」而遍吼十方弘宣法華妙義，能受持、讀誦通利、書寫《法華經》者，將受「陀羅尼」咒所守護，此為諸佛、菩薩之誓願，於《法華經》中特有一品名為〈陀羅尼品〉，如本品所云：

> 若善男子！善女人！能於是經（《法華經》），乃至受持一四句偈，讀誦解義，如說修行，功德甚多。爾時藥王菩薩白佛言：世尊！我今當與說法者，陀羅尼咒，以守護之。即說咒曰：……
>
> 世尊！是陀羅尼神咒，六十二億恆河沙等諸佛所說。若有侵毀此法師者，則為侵毀是諸佛已。時釋迦牟尼佛讚藥王菩薩言：善哉！善哉！藥王，汝愍念擁護此法師故，說是陀羅尼，於諸眾生多所饒益。
>
> 爾時勇施菩薩為擁護受持《法華經》者，即於佛前，而說

咒曰：……[29]

　　本〈陀羅尼品〉唯論一事，即受持、讀誦、書寫《法華經》者，必將受不同菩薩、天王以至羅刹女等以「陀羅尼咒」所護持。不同修持境地，其所具有之「陀羅尼咒」之內涵亦皆不同，但同為「擁護」受持者則為一致，故「陀羅尼」之真正用意，是諸佛、菩薩、天王等之內在最敬誠之供養，而所謂「至誠可感天、地、鬼、神」，以是在「至誠」之下，當不論其智愚高低，亦不評其功力深淺，正因為一「誠」字，即可撼動諸天法界，此為「陀羅尼」之奧妙處，而學人亦可在「陀羅尼」之「至誠」中，以明佛開演一切經文之用意，惟「信、願、行、證」才是一切經義之最高指導原則。佛之本懷不在眾生能明多少經義，此即如佛胸前之「卍」字，此非為世俗所言之「萬」字，此「卍」字即如禪宗所言：「佛住世四十九年實未言一字」，故此「卍」，亦即代表佛之「無字真經」，一切之經典文字皆是有形有相，亦終有毀盡之一日，唯「無字」，即無形無相，故終不毀壞；惟真正之經典即在「我」身上本已具足，不落文字相始可謂之「真經」：永不毀盡而「真」正長存之「經」典。「陀羅尼」之特色在「信」與「持」上，雖言「無字真經」為佛宣法之最終指向，因一切眾生皆與諸佛、菩薩平等一如，一切眾生本具如來智慧德相，千經萬典亦本由「我」之自性所宣說，以此而言「眾生即佛」。惟眾生畢竟是尚未開悟之「佛」，故有賴諸佛、菩薩之慈悲教化，諸佛、菩薩為因應不同眾生，始有千法萬法、千經萬典之產生，惟至究竟得悟時，實無千經萬典

---

[29] 大正9‧58中-59上。

與千法萬法；以佛、菩薩為引導眾生而論，千經萬典與千法萬法皆為暫時之藥方，眾生如何能確然「信」佛、「持」佛所宣說之「陀羅尼」，與諸佛同入於大「性海」中，此於「證悟」歷程而言，才是最重要之處。眾生之根器各有不同，或惑於千經萬典而不知所措，或入於千法萬法而不知所出，前者易產生「懼」，後者易成為「執」，而「信持陀羅尼」，可使眾生遠離「懼」或「執」，於佛之加持下且在「音聲三昧」中，與佛同自在往來各法界裡。

據智顗所論「陀羅尼」之義如下：

> 「陀羅尼」此翻總持：總持惡不起、善不失。又翻能遮能持！能持善、能遮惡，此能遮邊惡、能持中善。眾經開遮不同，或專用治病、或專護法，如此文、或專用滅罪、或通用治病滅罪護經。幸須依經勿乖教。或云咒者，如軍中之密號。或云咒者，密默治惡，惡自休息。或云咒者，是諸佛密語。咒祇是一法，遍有諸力，病愈罪除、善生道合，為此義故，皆存本音。譯人不翻，意在此也。惡世弘經，喜多惱難，以咒護之，使道流通也。[30]

不論「陀羅尼」之作用眾經所論如何不同，但可肯定是在「依經勿乖教」上，即依其「音聲」而「信持」。佛經所載之陀羅尼，有長有短，「長」如「大悲咒」，「短」有「六字咒」，然不論其長或短，皆「只是一法，遍有諸力」，故凡持咒者，則如「默念一密語」，此中重在祈求「他力」之護佑上。「陀羅尼」為佛、菩薩之

---

[30] 隋·智顗《法華文句》卷10下〈釋陀羅尼品〉，大正34·146下。

願力所成,亦可言是佛、菩薩之神力精華,依願力、神力之不同,故有治病、滅罪、護法或祈求智慧等不同。「陀羅尼」是以「音聲」為重,故以保存本音而不翻譯,此即如智顗所言:「唱號相應無所訶問,若不相應即執治罪。若不順咒者,頭破七分;若順咒者,則無過失。」[31]顯然,「咒」是否具「神效」,當與持咒者之「唱號」是否相應?與是否「順咒」有密切之關係。惟「陀羅尼」既是佛、菩薩之功德、神力所凝聚,而佛、菩薩之功德與神力,本亦是不可思議且難以窮盡,更非僅是依「陀羅尼」所呈現而出之文字或所發之音聲而已。「陀羅尼」為佛之「秘密語」,既是「秘密」當是不可揣測與表露完盡。故知:欲持「陀羅尼」者,非僅是依音聲唱號相應而已,因「聲」終是塵;更非眼觀其文字而已,因「色」亦是塵;持咒者當清淨一心,信佛、信佛之功德、信佛之神力加被,於「己」已無二念或二心,才可真得佛、菩薩之天力加持,《法華經》之〈陀羅尼品〉,實非僅是在說明持咒之效用而已,而是要學人真信佛所示演之一切眾生之「本願」,而一切眾生之「本願」無非即是個人最秘密之「陀羅尼」,依此即可得證阿耨多羅三藐三菩提。

四、眾生「自我神力」之展現

佛、菩薩為啟信眾生,常有「神通力」之展現,此為佛經之特色,亦代表佛、菩薩修證之特德。然一切佛、菩薩之神通力示現,眾生若不能返轉至「自身」身上,則佛、菩薩之神通力,終

---

[31] 隋‧智顗《法華文句》卷 10 下〈釋陀羅尼品〉,大正 34‧146 下。

歸只是佛、菩薩之一時所現，此亦如不解佛經者，視佛經之「神通」描述，下智者以為是一種迷信，於現實中是無法落實的；中智者則以為「神通」只是一種佛、菩薩之外在裝飾，或以為只是另一種「譬說」而已，以上之見地，皆是將佛、菩薩之神通，視為一種「外力」而已矣！佛、菩薩之神通展現，於眾生而言，確然只是一種「外力」之展現，然佛是由「人」修證而成，此為佛經之所肯定，故如何視佛、菩薩之神通力為一啟示，眾生如何將「外力」而返轉為自我修證之「內力」，則佛、菩薩之神通力展現，才能真正使眾生受益，然其中之關鍵點在眾生而非在佛、菩薩身上。今舉《法華經》為例說明眾生理應效法學習之神通「力」：

1. 願受佛度化之「念力」。

如〈譬喻品〉所云：

> 舍利弗！如來為一切世間之父，於諸怖畏衰惱憂患無明闇蔽，永盡無餘，而悉成就無量知見、力、無所畏，有大神力及智慧力。具足方便、智慧波羅蜜，大慈大悲常無懈倦，恆求善事利益一切，而生三界朽故火宅。……眾生沒在其中，雖遭大苦，不以為患。舍利弗！佛見此已便作是念：我為眾生之父，應拔其苦難，與無量無邊佛智慧樂。[32]

「佛」是已得證者，其所具有之一切神力與智慧，皆由無量劫之修證而成；佛以其得證之功德，於一切之苦惱憂患早已蕩除，其心早已悠然自在，唯今佛坦然再降火宅，主要在其大慈悲心之

---

[32] 大正 9．13 上。

「念力」上。佛既有救度眾生之「念力」，眾生亦應有得出三界之「念力」與「願力」。上之引文為「三車之喻」，佛為引眾生出火宅，巧設「三車」，此為佛之用心，如是之「心」即是佛之「大神力」之所在。今眾生若有出離三界火宅之心，依此心則必產生智慧以求出脫，此即是眾生之大神力示現。

2. 常懷見佛之「憶念力」。

據〈如來壽量品〉所云：

> 是時諸子聞父背喪，心大憂惱而作是念：若父在者，慈愍我等，能見救護；今者捨我，遠喪他國。自惟孤露，無復恃怙，常懷悲感，心遂醒悟。乃知此藥色香美，即取服之，毒病皆愈。其父聞子悉已得差，尋便來歸，咸使見之。[33]

此即是「良醫之喻」。佛發大慈悲心欲救度眾生，且以上味妙藥賜予眾生，然眾生或因毒氣深入而失本心，故不肯服藥；佛為愍眾故，即示現涅槃，唯留下「法義」；今時眾生若能於佛之「法義」上而讀誦、受持、書寫或為他人演說，此即是「憶念佛」，眾生若能常「憶念佛」，亦必得佛之常憶念。依如來是：「我成佛已來甚大久遠，壽命無量阿僧祇劫常住不滅。」[34]佛實未曾滅度，此《法華經》之一再肯認；佛之壽命無量，是為佛之得證功德與大神力；唯眾生若能常憶念佛且親奉佛法身，此即是眾生之智慧與神力。

---

[33] 大正 9 · 43 上-中。
[34] 大正 9 · 42 下。

3. 於修證上，當懷堅定之「信力」。

據〈常不輕菩薩品〉所云：

> 常不輕菩薩摩訶薩供養如是若干諸佛，恭敬尊重讚歎，種諸善根，於後復值千萬億佛，亦於諸佛法中，說是經典（《法華經》），功德成就當得作佛。[35]

此菩薩名曰「常不輕」，其修持因緣是：凡見一切之四眾學人皆悉禮拜讚歎，並深敬之且不敢輕慢，並謂四眾學人所行為菩薩道，未來當得作佛。「不輕慢他人」即是對他人修證之信心，此即是一種利他之行；於己修證之歷程，亦充滿堅定之信力，此是自利之行。且如佛所云：「爾時常不輕菩薩豈異人乎！則我身是。我於先佛所，受持讀誦此經（《法華經》），為人說故，疾得阿耨多羅三藐三菩提，得大勢。」[36]修證成佛是一條必須腳踏實地且一步一腳印力行之，此中若乏「信力」，則終難登至佛境（修證成佛須無量阿僧祇劫），故於四眾學人而言，「信力」是修證成佛之一種「自我神力」之展現。

4. 思救娑婆世界之「施捨力」。

據〈藥王菩薩本事品〉所云：

> 世尊！藥王菩薩云何遊於娑婆世界？世尊！是藥王菩薩有若干百千萬億那由他難行苦行。……其所捨身布施（燃臂）無量百千萬億那由他數。……若有發心欲得阿耨多羅三藐

---

[35] 大正 9・51 上。
[36] 大正 9・51 上。

> 三菩提者，能燃手指乃至足一指供養佛塔，不如受持此《法華經》，乃至一句偈，其福最多。[37]

「成佛」所為何事？此為於修證上最重要之事。若「成佛」但求恆住淨土，此非「佛」之大慈悲力量，故成佛之目的，只為恆度眾生無有疲厭，此即佛壽無量、法身常住之真義。「娑婆世界」是苦惱之世間，今藥王菩薩於苦惱娑婆世間行難行、苦行，其義不在令後世學人真仿其燃臂之舉，且如其誓言：「我捨兩臂，必當得佛金色之身，若實不虛，令我兩臂還復如故，作是誓已，自然還復，由斯菩薩福德智慧淳厚所致。」[38]捨肉身之兩臂，還得「佛金色之身」，此中之所示是：唯「真捨」才能「真得」。於慳吝之世間，人人以「擁有」為永不滿足，若真能於娑婆世間勇於施捨，且依此「施捨力」而修證成佛，則「施捨力」可謂確為是一種神力。

5. 追求捨貧向富之「解脫力」。

據〈信解品〉所云：

> 大富長者則是如來，我等皆似佛子。
>
> 世尊！我等以三苦故，於生死中受諸熱惱，迷惑無知，樂著小法。世尊令我等思惟蠲除諸法戲論之糞，我等於中勤加精進，得至涅槃一日之價，既得此已，心大歡喜，自以為足。
>
> 世尊以方便力說如來智慧，我等從佛得涅槃一日之價，以

---

[37] 大正 9．53 上-54 上。
[38] 大正 9．54 上。

為大得，於此大乘無有志求。

我等又因如來智慧，為諸菩薩開示演說而自於此無有志願。

我等昔來真是佛子，而但樂小法，若我等有樂大之心，佛則為我說大乘法。[39]

此即為《法華經》之「窮子譬喻」，一切眾生本為大富長者之子，皆本「富有」，只因年幼即「捨父逃逝，久住他國。」且「年既長大，加復窮困。」[40]釋尊藉由此喻說明：一切眾生之「本願」皆是「佛」，此即是「富」，但眾生於流浪生死中而漸趨於「貧」。今釋尊欲引領眾生「捨貧向富」，此中之關鍵，除需仰賴佛之開示演說外，最重要是眾生是否具有「解脫力」，而追求「解脫力」之憑藉，即在去除「慢心」，務將聲聞之增上慢「樂著小法」放下，轉而志求大乘（「樂大之心」），亦惟當眾生具有追求大乘解脫力，佛即為眾生開示大乘法，而眾生所具有之「解脫力」，亦即是「自我之神力」。

6. 探索「自性寶藏」之「無限力」。

據〈五百弟子受記品〉所云：

世尊！譬如有人至親友家，醉酒而臥。是時親友官事當行，以無價寶珠繫其衣裏與之而去，其人醉臥都不覺知。

佛亦如是，為菩薩時教化我等，令發一切智心，而尋廢忘不知不覺。既得阿羅漢道，自謂滅度，資生艱難，得少為足，一切智願猶在不失。今昔世尊覺悟我等，作如是言：

---

[39] 大正 9 · 17 中-下。
[40] 大正 9 · 16 中。

> 汝等所得非究竟滅，我久令汝等種佛善根，以方便故示涅
> 槃相，而汝謂為實得滅度。世尊！我今乃知實是菩薩，得
> 受阿耨多羅三藐三菩提記。[41]

　　此即是「繫寶珠譬喻」，釋尊以「醉臥」之人「都不覺知」，
以示一切眾生在「散亂」中所生之「增上慢心」自不覺知，故於
佛所教化之「一切智心」，即「尋廢忘」而「不知不覺」。正因自
身已有「寶珠」而不覺知，以至為衣食故，而「勤力求索，甚大
艱難。」[42]釋尊藉由此喻在說明：向「外」追求，終有困窮時；
唯向「自性之寶藏」探索，才能源源不絕。人生正因無法找到「無
限寶藏」之入口，故人生易陷於茫然無措中；惟一切眾生本願是
「佛」，若「自謂滅度」，此即是「有限」，此即是「艱難」；今佛
於《法華經》開示：「實無滅度」，此即是「無限」，此即是「自在」。
一切眾生若能向自我之自性寶藏開發，則必將發現：原來大地一
切眾生皆具有「無限」之開發「力」，實與「佛」等同無異。
　　展現神通，示現神變，是佛經特有之特色，唯如來現「神力」
之目的，無非在度化眾生，令眾生起大信心，並為使佛法得以傳
佈將來，足見，「神力」之展現，所重不在其「外現之炫耀」，而
是在其所「象徵」之意義上，據〈如來神力品〉所云：

> 諸佛神力如是無量無邊不可思議，若我以是神力，於無量
> 無邊百千萬億阿僧祇劫，為囑累故，說此經功德，猶不能

---

[41] 大正 9‧29 上。
[42] 大正 9‧29 上。

盡以要言之。[43]

　　《法華經》為佛之最後圓說，而佛於《法華經》中所示現之神力，皆為囑累弟子們能傳佈《法華經》，因《法華經》是：「如來一切所有之法，如來一切自在神力，如來一切祕要之藏，如來一切甚深之事，皆於此經宣示顯說。」[44]若謂示現神力是佛之特德之一，而佛於《法華經》所展現之神力，實是為護衛佛之「圓教」說。同理，「菩薩」為護持佛之「圓教」義，其所示現之神力，亦必為此，見〈普賢菩薩勸發品〉所云：

> 爾時普賢菩薩以自在、神通、威德、名聞，與大菩薩無量無邊不可稱數從東方來。……
> 爾時普賢菩薩白佛言：世尊！於後五百歲濁惡世中，其有受持是經典者，我當守護，除其衰患，令得安隱。是人若行若立，讀誦此經，我爾時乘六牙白象王，與大菩薩眾俱詣其所，而自現身，供養守護，安慰其心，亦為供養《法華經》故。[45]

　　普賢菩薩有特德四：「自在、神通、威德、名聞」，此四特德總為護持《法華經》，據智顗之論：「自在者，理一也。神通者，行一也。威德者，人一也。名聞者，教一也。又自在者，常也。神通者，樂也。威德者，我也。名聞者，淨也。言說如此，即一

---

[43] 大正 9・52 上。
[44] 〈如來神力品〉，大正 9・52 上。
[45] 大正 9・61 上-中。

而四德無不備自在義焉。」[46]不論佛或菩薩所示現之「神力」或有不同，但同為護持《法華經》是一，同為展現「常樂我淨」之特德亦是一，「神力」雖不可思議，但皆為佛、菩薩「說法之某一型式」，[47]眾生如何於任何之神變中去理解其象徵意義，並再返歸至自身之修持上，此即是眾生可行之事，亦於眾生有最大之受益處。

---

[46] 隋·智顗《法華文句》卷 10 下〈釋普賢菩薩勸發品〉，大正 34·148 上-中。
[47] 郭朝順〈從智顗對《法華經》神變之詮釋論天台哲學之成立〉，頁 105-106，文云：「眾生若睹見或不睹見神變，或明其理或不明其理，對見而明其理者則判為顯露不定教，對不見或不明其理者，則為秘密不定教。」《東吳哲學學報》第 10 期，2004 年 8 月。

捌、《法華經》之「功德」論

一、言「佛功德」之目的

　　據智顗之論，《法華經》於〈如來壽量品〉中，特言佛之壽量實無有窮盡，實不滅度而言滅度，是為化度眾生之方便說；以佛之壽量無盡是為顯現久遠實成之事，此乃依佛之「果」而言，故智顗言：「壽量明乘果已竟。」[1]《法華經》言如來壽量無窮、神力廣大，此乃依「佛果」而言，然言「如來」之事無非是為度化眾生，依眾生之「色身」短暫，相較於佛之壽命劫數長遠無量無邊，或有難信、難契入者，然亦有能信解者，此中攸關兩大部份，一為如來之部份，如來言其壽量無窮數，究竟可為眾生施予何種之益處；另一為眾生之部份，眾生對於「佛果」之「信解」程度有多深，亦終將決定眾生取證之速度。《法華經》為佛之最圓滿說，此中當有對「佛果」之闡述，而佛雖有功德，亦尚需眾生是否能信解與行證，眾生於護持佛之功德上之差別，亦是眾生受益之不同程度。

　　如來言「壽量無窮」能予眾生得大饒益：
　　「佛果」之闡述是為眾生而然，據〈分別功德品〉所言：

　　　世尊告阿逸多：我說是如來壽命長遠時，六百八十萬億那

---

[1]　隋‧智顗《法華文句》卷 10 下〈釋如來壽量品〉，大正 34‧143 中。

> 由他恆河沙眾生得無生法忍。復有千倍菩薩摩訶薩，得聞
> 持陀羅尼門。……得樂說無礙辯才。……得百千萬億無量
> 旋陀羅尼。……能轉不退法輪。……能轉清淨法輪。……
> 八生（四生、三生、二生、一生）當得阿耨多羅三藐三菩
> 提。復有八世界微塵數眾生，皆發阿耨多羅三藐三菩提心。
> 2

　　「人壽」短暫如煙雲，依佛法義所言之修證歷程，與諸如來、
菩薩所發之行願，皆令眾生望塵莫及與難思難議，以「一生」欲
完成諸佛之修證與行願，此於眾生而言，是決然實證不到的。惟
今言「佛之壽命劫數長遠無量無數」，且是「久遠以來實成之事」，
而一切眾生之本願亦如是，此乃將「生命」由色身而提昇至法身
慧命，如是於眾生而言，今日修證之因，是為契入久遠實成之果；
且以久遠已實成之果，來印證今日修證之因之必要性。如是所言
如來無量壽命劫數，已不僅只是在展現「佛果」之盛大殊勝而已，
實為引眾生以成本願之佛果而精進，故眾生能於佛說壽量無窮
時，即能得大饒益，如：得無生法忍、持陀羅尼門、無礙辯才等，
亦且皆能發「阿耨多羅三藐三菩提心」，而欲使一切眾生皆發阿耨
多羅三藐三菩提心，正是法華之義旨，亦是法華圓教之極致，故
佛言壽量之佛果，亦正是眾生還諸本願之修證之因。

　　眾生對於「佛壽命長遠」之信解程度：

　　佛以其「色身」住世四十多年，其所言之法於後代學人再弘
宣流傳，至今已有「三藏十二部」之稱，若論「法」則可謂浩翰，

2　大正 9‧44 上。

然眾生之「信解」程度不同，亦代表修證得果之差異。尤其對於「佛壽命長遠」之言，眾生之「信解」又有何界分，據〈分別功德品〉所言：

> 佛告阿逸多：其有眾生，聞佛壽命長遠如是，乃至能生一念信解，所得功德無有限量。……於八十億那由他劫，行五波羅蜜（除般若波羅蜜），以是功德比前功德，千萬億分不及其一。有如是功德，於阿耨多羅三藐三菩提退者，無有是處。
>
> 阿逸多！若有聞佛壽命長遠，解其言趣，是人所得功德無有限量，能起如來無上之慧，能生一切種智。
>
> 阿逸多！若聞我說壽命長遠，深心信解，則為見佛常在耆闍崛山，共大菩薩諸聲聞眾圍遶說法。
>
> 如來滅後，若聞是經，讀誦持之者，斯人則為頂戴如來。
>
> 阿逸多！若我滅後，諸善男子、善女人，受持讀誦是經典者，復有如是諸善功德（清淨持戒、忍辱無瞋、志念堅固、精進勇猛等），當知是人已趣道場。[3]

佛之演法目的在度眾，此依據是「佛之行願」；然眾生能受益多深，此依據則在「眾生之信解」上。佛之演法度眾無非欲令眾生終能成就如佛般之莊嚴功德，然眾生終因「信解」受持不同，則一切眾生所成之功德亦將有別。此中，對於「佛終不滅度」之信受程度略分為四種：

---

[3]　大正9‧44下-45下。

第一種,「生一念信解」者:即隨所聽聞則能豁朗明白並信之確然,此中重點在「一念」之「信」上,此即如智顗所言為:「十信之初心,未得六根清淨。」[4]此中並以「行五波羅蜜」相較之,唯五度一旦離「般若」,則無法言其為「正慧」;而「一念信解」是源於自我智慧之「信」,而「佛壽長遠」是「自外而資」,[5]正因有佛言之憑藉與自我內心智慧之信解,此「內外相蓄」之功德,終為「行五波羅蜜」所不能及之。

第二種,「解其言趣」者:前之「一念信解」重在「初信」,尚未能更進一步解說。能「解其言趣」已代表由「信」而入「敷論」,此中已涉及至「言說之善巧方便」,乃是「智慧」之再上一層;能為人解說,則已為「度他」之舉,於「度他」中將使智慧廣伸,故曰:「能起如來無上之慧,能生一切種智。」智顗之論是:「廣為他說、廣修供養,供養外資,令內智疾入,能生一切種智。」[6]「智慧」無法憑空而來,唯在供養利益他人時而漸生,此亦是一切諸佛菩薩終在全然「度他」中而達成真正「自度」。

第三種,「深心信解」者:此比前之「一念初信」與「為人解說」則更進一步,此中之重點在「深信」上;所謂「深信」,乃建立在初信與智慧廣伸後,能確然深悟佛之言無誤,如是之「深信」當不同於以信仰為主之「一念初信」,亦不同於以辯才為上而「為人解說」而已,「深信」是於信仰與辯才上,已然能契入諸佛、菩薩之「法」「相」中,故有「深信解相」之描繪:「見此娑婆世界,

---

[4] 隋·智顗《法華文句》卷 10 上〈釋分別功德品〉,大正 34·137 下。

[5] 隋·智顗《法華文句》卷 10 上〈釋分別功德品〉:「聞壽量功德,自外而資;圓順信解,自內而重,所以不退。」(大正 34·137 下)。

[6] 隋·智顗《法華文句》卷 10 上〈釋分別功德品〉,大正 34·137 下。

其地琉璃，坦然平正。閻浮檀金，以界八道，寶樹行列。……其菩薩眾，咸處其中。若有能如是觀者，當知是為深信解相。又復如來滅後，若聞是經，而不毀呰，起隨喜心，當知已為深信解相。」[7]由「深心信解」而有「深信解相」，此乃說明唯能「深信」佛壽命長遠，才能無疑無礙入於佛法之「相」中，而佛「壽命長遠」即是一種「相」，唯能深信如是之「相」，才能與佛「同觀」殊勝之妙境。如是之論點，已然明示：「深信」佛所宣說之各種不可思議境，是契入「佛法」之重要關鍵處，否則，僅以「客觀世界」無法說明、呈現為由而否定之，於「佛法」則終難契入，更惶論依法修證得果。

第四種，頂戴如來、已趣道場者：此為最殊勝之功德。能於如來滅後，尊重、讀誦、受持佛法義，此行最具殊勝，此乃因一切諸佛之成就，皆因「依法修持」而成之，能依法修持即是尊重佛、尊重法，此即是對佛、法最大之供養，故佛曰：「善男子、善女人，不須為我復起塔寺及作僧坊，以四事供養眾僧，所以者何？是善男子、善女人，受持讀誦是經典者，為已起塔、造立僧坊、供養眾僧。」[8]起塔、立僧坊等，此皆為「有形」「外在」之供養，有形外在之供養功德雖殊勝，但不若依法修證，因「無形」「內在」之供養，其功德是無法估量，故世尊強調：「能持是經（《法華經》），兼行布施、持戒、忍辱、精進、一心智慧，其德最勝，無量無邊。」[9]惟佛終是「最圓滿」的，「佛」是依據具足恆河沙數功德而成之，故世尊雖以「依法受持」為殊勝，但其終究肯定外相之起塔、立

---

[7] 大正 9・45 中。
[8] 大正 9・45 中。
[9] 大正 9・45 下。

僧坊與內在之依法修證,兩相結合才能名之爲「已趣道場」,是「近阿耨多羅三藐三菩提,坐道樹下。」並言:「若坐若立若行處,此中便應起塔,一切天人皆應供養如佛之塔。」[10]顯然,佛於一切內、外在之供養,皆不廢之,亦勉學人努力行之。

二、「分別功德」之目的:為「如說修行」

《法華經》以「佛果」爲立論之基調,三乘終歸一乘,一切眾生可得證阿耨多羅三藐三菩提,如是之經義,爲天台大師所判爲「圓教」,足見本經於天台宗之重要地位,唯對於「三乘」學人而言,其所最關注處,當是如何「受持」《法華經》?且因修習方法不同,其所得之功德亦將有異等問題。依「受持」而論,於當下聞佛宣說,或由他人輾轉而知,或勸他人往聽等,因於「隨喜」之不同,則所得之功德必然有別,據〈隨喜功德品〉所云:

> 佛告阿逸多:如來滅後,聞是經(《法華經》)隨喜已。隨力演說,復行轉教。如是展轉至第五十,聞《法華經》隨喜功德,尚無量無邊阿僧祇。何況最初於會中聞而隨喜者,其福復勝無量無邊阿僧祇。
>
> 又阿逸多!若人為是經故,往詣僧坊,若坐若立,須臾聽受,緣是功德,轉身所生,得好上妙象馬車乘,珍寶輦輿及乘天宮。
>
> 若復有人,於講法處坐,更有人來,勸令坐聽,若分座令

---

[10] 大正 9‧45 下-46 上。

坐，是人功德轉身，得帝釋坐處。

阿逸多！若復有人語餘人言：有經名《法華》，可共往聽，即受其教，乃至須臾間聞，是人功德轉身，得與陀羅尼共生一處。

阿逸多！汝且觀是勸於一人，令往聽法，功德如此。何況一心聽說讀誦，而於大眾為人分別如說修行。[11]

依「隨喜」之功德差異，略可分為四種：

第一種，最初會中聞而隨喜者：此乃於「法味」而言，是最具深濃之部份，可謂是「原汁原味」，能「聞而隨喜」者必為上根人。據智顗之論「隨喜」之「隨」，為「隨順事理」：「順理者，聞佛本地深遠深遠，信順不逆，無一毫疑滯。順事者，聞佛三世益物，橫豎該旦，遍一切處，亦無一毫疑滯。即廣事而達深理，即深理而達廣事。不二而二，不別而別。雖二雖別，無二無別，如此信解，名之為隨。」[12]依法華之「理」而言，是「久遠實成」之「本願」，此乃於「佛果」之深信不疑，故曰「順理」。依法華之「事」而言，是「開三乘」之迹門，受益者是「遍一切處」，無一不遍而有疑滯，故曰「順事」。此「理」與「事」，為「顯一」（理）故「開三」（事），開三（事）是為顯一（理），於法華而言，此兩者皆為法華妙義，是「別」（事）而「無別」（理），此即為圓教義。學人能於「最初會中」，聞法華之「理事無二」，「權實不別」而信受之，其功德當是無邊無量，其因是：有關「佛壽」無窮盡，佛久已證實相之理，如是之「知見」，唯佛能知，此即是「佛之知

[11] 大正 9・46 中-47 上。
[12] 隋・智顗《法華文句》卷 10 上〈釋隨喜功德品〉，大正 34・138 中。

見」，故湛然有云：「由聞故知，因知生見。唯佛知佛久遠之壽，唯佛見佛久證實理，聞佛聞顯，與佛不殊。」[13]《法華經》是佛以一大事因緣故出現於世，實爲眾生開示悟入佛之知見，今學人於最初會「聞而隨喜」，則顯然已與「佛知見」不殊，故其功德實無法比擬之。

　　第二種，往詣僧坊，須臾聽受者：此重點在「往詣」，代表是「人」主動願往，非受他人邀請或一再勸說而行。如是於「爲是經故」即願往聽受，此在佛法而言是深具「宿慧」者，此亦如《六祖壇經》所言：「惠能一聞經語（《金剛經》），心即開悟。」[14]以是即使只「須臾聽受」，其「福報」亦爲殊勝，此除表「人」之「宿慧」因緣外，於讚「經」之殊妙功德。

　　第三種，於他人能勸令坐聽，若分座令坐者：前之重點在「己」爲主動；此之重點於「他人」能「勸」，並依機「分座」，而使他人能安心「坐聽」；若以前之重點在「自度自益」上，則此之所涉即在「度人利他」上。更因「分座」他人之功德，以至可得帝釋坐、梵王坐與轉輪聖王坐，此正應於「施即得」之論。

　　第四種，語人共往聽《法華經》者：前之重點在「他人」，然是「他人」爲主動來至講法處。而此重點亦在「他人」，唯尚未得聞《法華經》名，故能主動帶領「他人」而共往聽《法華經》，此於「度他」上顯然已具有如菩薩「度人」之精神，故語人共往聽之功德，是「得與菩薩共生一處」，有菩薩之心量，則能與菩薩常同集會。

　　以上四種於《法華經》之護持功德，由初會中聞而隨喜、往

---

[13] 唐・湛然《法華文句記》卷 10 中，大正 34・344 中-下。
[14] 元・宗寶《六祖大師法寶壇經》〈行由品〉，大正 48・348 上。

詣須臾聽受、於人來勸令坐聽、語人共往聽等，此中之「喻」在說明：勸一人令往聽之，其功德已殊妙無比，更何況能一心聽說讀誦，且爲他人分別演說，則所得之功德將無法估量。依佛之本懷，一切眾生之本願，皆已得證阿耨多羅三藐三菩提；一切眾生皆本同具如佛之萬德莊嚴，故「功德」一切眾生本已具足，而今佛又何以「分別功德」來言明因「事」之不同，則所得之「功德」有異，此乃因「迹」而論功德有別，實則於「本」是無有差異。據智顗之論：「隨者隨順事理，無二無別。喜是慶己慶人。聞深奧法，順理有實功德，順事有權功德。慶己有智慧，慶人有慈悲。權實智斷，合而說之，故言隨喜功德。」[15]若依「理」、依「本願」，則本無佛與眾生之別，今法華之妙，即妙在言「別」實「無別」；佛於《法華經》中開顯「隨喜」不同則「功德」不同，如：「慶己」與「慶人」，此兩者看似有別，然「慶己」實爲「利他」，而「慶人」正可「顯己」；有真智慧者（慶己）即有真慈悲（慶人），而慈悲是爲化他，而化他是爲解脫，故曰「斷」。由慶己而慶人，由化他而顯己，故知，佛雖於「迹」中而論「功德有別」，而此正爲「開迹顯本」，以論說依法修行（迹），則其功德將不可限量（本），以是佛之所以開演「分別功德」，其義不在「功德」，而在「如說修行」上。

三、「受持」之功德是為「自利、化他」

　　《法華經》是佛之圓教說，是欲令一切眾生皆得阿耨多羅三

---

[15] 隋・智顗《法華文句》卷 10 上〈釋隨喜功德品〉，大正 34・138 中。

藐三菩提，以是於《法華經》中佛特暢論「受持」《法華經》之殊妙功德，然一切因「受持」而所得之功德，其目的終為「自利利他」。佛之尊號中有「天人師」，此即意謂佛可為「天、人」之師，佛之說法已由自利而至純然利他，且利他之範圍，非僅及人，而是普遍於一切諸天皆蒙其益。惟於學人而言，能自利、利他者，則以「法師」為統稱，此乃意謂「以法為師」，換言之，此「師」之所授是以「法」為主，若依《法華經》而言，則此「法」當特指法華之妙法，而法華妙法即是三乘同歸一乘，一切眾生皆可返歸本願得證無上正等菩提。對於有關「法師」之釋，據智顗之論：「若自軌五法（受持、讀、誦、解說、書寫），則自行之法師；若教他五法，則化他之法師。自軌故通稱弟子，化他故通稱法師。又讀、誦、書寫是外行，即如來衣。受持是內行，即如來座。解說益他是如來室。利物必以慈悲入室為首，涉有以忍辱為基，濟他以亡我為本，能行三法，大教宣通，即世間依止，故名法師。」[16]顯然，依佛之本懷、本意，受持《法華經》，於是人可得「六根清淨」之殊勝相，然此僅為「自利」，故以「六根清淨」而論，確非究竟地；今《法華經》於〈法師品〉中，一再論列「受持、讀、誦、解說、書寫」此「五法」，此「五法」不論如何之界分不同，但總不離「自利」與「化他」，而其中「化他」更為未來是否成佛之關鍵，如〈法師品〉所云：

> 世尊告藥王：若有人問何等眾生於未來世當得作佛，應示是諸人等，於未來世必得作佛。何以故？若善男子、善女

---

[16] 隋・智顗《法華文句》卷8上〈釋法師品〉，大正34・108上。

人，於《法華經》乃至一句，受持、讀、誦、解說、書寫，
種種供養經卷。是人一切世間所應瞻奉，應以如來供養而
供養之，當知此人是大菩薩，成就阿耨多羅三藐三菩提，
哀愍眾生，願生此間，廣說分別妙《法華經》，何況盡能受
持種種供養者。藥王當知！是人自捨清淨業報，於我滅度
後，愍眾生故，生於惡世，廣演此經。若是善男子、善女
子，我滅度後，能竊為一人說《法華經》乃至一句。當知
是人，則如來使，如來所遣，行如來事，何況於大眾中廣
為人說。[17]

於〈法師品〉中，世尊於起首即暢論若能有求聲聞、辟支佛、
佛道者，能於佛前聞《法華經》一偈一句，乃至一念隨喜者，皆
得蒙佛授記當得阿耨多羅三藐三菩提，此之重點在「佛前」如是。
然於如來滅度後之情狀又為何？如世尊所言：「若有人聞妙《法華
經》乃至一偈一句，一念隨喜者，我亦與授阿耨多羅三藐三菩提
記。」[18]以如是而論《法華經》之殊妙，顯然是不分於佛前或佛
滅度後，其功德之差異在於個己之不同受持上。聞一偈一句或一
念隨喜，佛即與授阿耨多羅三藐三菩提記，此為《法華經》為最
究竟之圓說，即一切眾生皆可成佛，亦即一切眾生皆本是佛。由
「聞」而「一念隨喜」其功德已如是，惟得佛授無上正等菩提記，
此為「預記」，於此基點上，一切眾生確然與佛無分無別；然「預
記」成佛，與究竟成佛，其間又有深淺高下之別，以是世尊除肯
定「聞」與「隨喜」者，更強調自利化他之重要性，故以能「受

---

[17] 大正 9・30 下。
[18] 大正 9・30 下。

持、讀、誦、解說、書寫」者為「法師」，更讚許能為一人以至於大眾中為人廣說《法華經》，此即是「化他」之真實行，則如是之人是「行如來事」，故於未來世必得作佛，此亦如世尊所言：「是人以佛莊嚴而自莊嚴，則為如來肩所荷擔。」[19]世尊一再強調「解說」之重要性。實因於無上甚深之妙法，凡夫難解，故如何「解」釋、如何宣「說」，終將影響眾生信、愿、行、證之程度。

佛勉學人要為人廣說《法華經》，實因此經不同其他諸經，其不同處何在？如〈法師品〉所云：

> 佛告藥王菩薩摩訶薩：我所說經典，無量千萬億，已說、今說、當說，而於其中，此《法華經》最為難信、難解。藥王！此經是諸佛秘要之藏，不可分布妄授與人。諸佛世尊之所守護，從昔已來未曾顯說。而此經者，如來現在猶多怨嫉，況滅度後。如來滅後，其能書持讀誦供養，為他人說者，如來則為以衣覆之，又為他方現在諸佛之所護念。若不能得見聞讀誦書持供養是《法華經》者，當知是人未善行菩薩道。若有得聞是經典者，乃能善行菩薩之道。
>
> 其有眾生求佛道者，若見若聞是《法華經》，聞已信解受持者，當知是人得近阿耨多羅三藐三菩提。
>
> 菩薩亦復如是。若得聞解思惟修習，必知得近阿耨多羅三藐三菩提，所以者何？一切菩薩阿耨多羅三藐三菩提，皆屬此經。
>
> 此經開方便門，示真實相。是法華經藏，深固幽遠，無人

---

[19] 大正 9．31 上。

能到。今佛教化，成就菩薩，而為開示。[20]

　　於佛之住世而言，《法華經》之開三乘，是方便門，然此「三乘」實同入一乘之真實相，此於眾生是難信難解，其因在於眾生執聲聞者為聲聞乘，執緣覺者為緣覺乘，執菩薩者為菩薩乘，此三乘各有其修證之法門與心量，彼此具有「階次」之分；今佛於《法華經》中明示「唯一佛乘，無二亦無三」，此與眾生之知見確有甚大差異，甚至已混淆眾生長劫以來自為「小乘」之心態，即自以為：所謂「得佛授阿耨多羅三藐三菩提記」，此事唯「佛」可證、唯「菩薩」可得；而今《法華經》之開顯，即為說明：一切眾生皆本具足阿耨多羅三藐三菩提，此為眾生之本願已然如是。今《法華經》只論佛知見，不言眾生知見，實為示正眾生之顛倒妄想，故言其「難信、難解」。此唯開示佛知見之經典，於如來之「現在猶多怨嫉」，此為因《法華經》為「諸佛秘要之藏」，今開示予一切眾生，於眾生不堪受持之下所產生之負面結果，佛亦能知之、容之。於佛之當世已然令眾生產生「怨嫉」，又況於佛滅度後呢！以是佛特讚揚於佛滅度後，能「書持讀誦供養」《法華經》，為「能善行菩薩之道」；而志求佛道之眾生與菩薩，能聞、信、解、受持、思惟、修習，佛言：是「得近阿耨多羅三藐三菩提」，此中之「得近」，即謂：依此道則離佛道不遠，亦謂：依此道而行是正確之徑。

　　《法華經》為佛住世之最「圓」說，此乃依「義理」而論之；佛一生之行遊教化，但為度化眾生；依於不同時、地、人、事、

---

[20] 大正 9・31 中-下。

因緣，佛所說經典可謂無量，此乃眾生無量，而法門應機亦爲無量。依理，佛之開演皆是一時一機，而眾生亦各依其類而得信、得解，然佛所開示經典，不同於一般之哲學作品，佛之開法其目的在使一切眾生皆能得證阿耨多羅三藐三菩提，此爲佛之本懷，此爲佛出現於世之一大事因緣，若依無量之經典而論，佛之說「法」已然多元、多面，但《法華經》爲佛「總說」、「圓說」，亦即肯定前之無量經典，法義內容或有不同，於不同根器之學人，依不同法門之修證，其最終方向只有一個，即：一皆可得證無上正等菩提；前之經典中，佛或有授記終將得證阿羅漢果、辟支佛果，此不同「果證」之預記，其終究只有一個，即：人人皆只得證「佛果」，實無其他之「果」德，此爲《法華經》之妙義，亦爲佛最根源之本懷、圓說。

四、總論「功德」之目的：是爲開近（六根清淨功德）以顯遠（本具足一切功德）

若以《法華經》之「遠劫」而論，實不須論及「功德」之事，因「本願」本已具足一切功德，而今法華「開近」顯遠，以闡述諸清淨莊嚴功德（開近），以令眾生如是修行而還歸「遠劫本願」（顯遠）；正爲「開近」，則「功德」殊妙之敷陳當顯重要，而於眾功德中，於「人」本身所具足之功德，則又爲最根本之處，此即所謂「六根清淨」。於《法華經》中有一品專明「六根」功德莊嚴事，如〈法師功德品〉所云：

佛告常精進菩薩摩訶薩：若善男子、善女人，受持是《法

華經》，以是功德莊嚴六根皆令清淨。

是清淨肉眼，見於三千大千世界，內外所有山林河海，下至阿鼻地獄，上至有頂。亦見一切眾生，及業因緣果報生處，悉見悉知。

以是清淨耳，三千大千世界中，一切內外所有諸聲，雖未得天耳。以父母所生清淨常耳，皆悉聞知如是分別種種音聲，而不壞耳根。

以是清淨鼻根，聞於三千大千世界上下內外種種諸香。持是經者，雖住於此，并聞諸天所燒之香，雖聞此香，然於鼻根不壞不錯。若欲分別為他人說，憶念不謬。

得舌功德，若諸苦澀物，在其舌根，皆變成上味。若以舌根，於大眾中有所演說，出深妙聲，能入其心，皆令歡喜快樂。是人所在方面，諸佛皆向其處說法，悉能受持一切佛法，又能出於深妙法音。得身功德，得清淨身如淨琉璃，眾生喜見，其身淨故。所有及眾生，悉於中現。若聲聞、辟支佛、菩薩、諸佛說法，皆於身中現其色像。

以是清淨意根，乃至聞一偈一句，通達無量無邊之義，解是義已，能演說一句一偈，諸所說法，隨其義趣，皆與實相不相違背。三千大千世界六趣眾生，心之所行、心所動作、心所戲論，皆悉知之。雖未得無漏智慧，而其意根清淨如此。是人有所思惟籌量言說，皆是佛法，無不真實，亦是先佛經中所說。[21]

---

[21] 大正 9・49 下-50 中。

　　據天台宗之「六即」而論，其中「六根清淨」是「相似即」（相似即佛），[22]「六根清淨」於常人是不易之事，然於欲得證「菩薩」者而言，則僅屬「相似」菩薩之位階而已；唯《法華經》特論述「人」之「功德」，唯所論述之「人」是名「法師」（以法為師），此「法師」之義有五：「一受持、二讀、三誦、四解說、五書寫。」[23]此意謂「六根清淨」之得，是源於對《法華經》之受持讀誦以至解說、書寫之「功德莊嚴」而然，而因「六根清淨」之「功德」又謂「內外莊嚴」：「五根清淨名外莊嚴，意根清淨名內莊嚴。又從地獄已上至佛而還，一切色像悉身中現者，名內莊嚴。從地獄已上佛已還，一切色像以普現三昧而外化者，名外莊嚴。」[24]此「六根清淨」之莊嚴，遍及至「六塵清淨」以至「六識清淨」，故「佛」以至「地獄」之十法界亦皆總括在其中。此中如：

　　1. 清淨肉眼：佛法將「眼」分為：「肉眼、天眼、慧眼、法眼、佛眼。」此「五眼」，凡夫僅具「肉眼」，能見一切山林河海之「外相」；而「清淨肉眼」之「肉眼」，其所彰明仍為「人」，而「清淨」是人因修持而得「清淨」之果，故即使是身具凡夫肉眼，因「清淨」眼識所及之一切「色塵」，如「下至阿鼻地獄，上至有頂，一切眾生之業因緣果報生處」，則皆可「悉見、悉知」，此中之「人」雖未得具「天眼」，然「肉眼」之「力」已然能至如是之

---

[22] 《佛光大辭典》上冊，頁 1275-1276，「六即」、「六即佛」條：「愈觀愈明，愈止愈寂而得六根清淨，斷除見思之惑，制伏無明之人；此等之人，雖未能真證其理，但於理彷彿，有如真證，故稱相似即佛。」（高雄：佛光出版社，1989 年）。

[23] 隋・智顗《法華文句》卷 8 上〈釋法師品〉，大正 34・107 下。

[24] 隋・智顗《法華文句》卷 10 上〈釋法師功德品〉，大正 34・139 中。

地步，實因「清淨」而然。

2. 清淨耳：佛門中有「天耳通」，此神通可聞知並分別種種音聲，而此「人」之「清淨耳」，雖尚未及於「天耳」，但用「父母所生耳」即能聞及十法界之一切聲音，此中之關鍵亦在「清淨」，能「不著、不謬」即是「清淨」，如智顗所論：「聞六道即肉、天二耳，聞二乘即慧耳，聞菩薩即法耳，聞佛即佛耳。又父母所生肉耳，能聞內外即天耳，聽之不著即慧耳，不謬即法耳，一時互聞即佛耳。以耳例眼，眼亦如是。」[25]凡夫因「不清淨」故諸根只能「一用」，無法互通，故「耳根」只能「聽聞」而已，唯因「清淨」以至三千大千世界之內外諸音皆可得聞，卻又不壞耳根，此即聽而不執不著故，此亦如孔子自云：「六十而耳順」，於聽聞一切音聲中，能自有主張而不隨波逐流。

3. 清淨鼻根：鼻根之作用在「聞香」，於三千大千世界中，依不同法界眾生之形質，各有不同之「氣味」產生，而眾生各依所執之「氣味」，而判之為香或臭，此乃依眾生之主觀而定之、別之。今因修持《法華經》故，而能別知眾生之香，亦能聞天上諸天之香，如是之殊勝相，實源於「清淨」而然，故能得聞各返歸一切眾生或諸天本具之「香」，然如是之「清淨鼻根」尚屬「凡夫」位，非是菩薩，如云：「眾生在佛前，聞經皆歡喜，如法而修行，聞香悉能知。雖未得菩薩，無漏法生鼻，而是持經者，先得此鼻相。」[26]據智顗之論：「此章明互用者，鼻知好惡、別貴賤，覩天宮莊嚴等，則鼻有眼用。讀經說法，聞香能知，鼻有耳用。諸樹花果實，及蘇油香氣，鼻有舌用。入禪出禪，禪有八觸故，五欲

---

[25] 隋‧智顗《法華文句》卷10上〈釋法師功德品〉，大正34‧140上-中。
[26] 大正9‧49中。

嬉戲,亦是觸法,鼻有身用。染欲癡恚心,亦知修善者,鼻有意用。鼻根自在勝用若茲。」[27]一根可同具六根,此為根根互用,如是之六根互通,已是「佛境」,是不同於凡夫一根僅一用、六根無法通為一根。今修持《法華經》能聞經歡喜、聞香能知,是謂已具「清淨」之「鼻相」。

4. 舌清淨:舌之作用有二,一為嘗味,一為言說。此中釋「舌」有一特色,即「諸苦澀物,在其舌根,皆變成上味。」然又為何於「眼根」中,不言眾色皆可成「妙色」,於此,智顗之論是:「味有損益,損者變,不損者不變。諸色不壞,眼故不例。今解不爾,一切色同佛色,一切聲同佛聲,等皆清淨,例則無妨。通知一切色法聲法,無亂無謬,分別亦無妨。自在之根那作頑礙之解耶!」[28]於「人」而言,父母所生之舌即「肉舌」,一切嘗味、言說皆由此;然「舌」之言說若為十法界而說法,此即是「天舌」,又「不壞即慧舌,不謬即法舌,一時互用即佛舌。」[29]足見,凡夫雖具「肉舌」,但因「清淨」故,則可演說一切深妙法音,當為諸佛、菩薩常樂見之,「舌根」之自在應用確然在「修持」上,故如智顗之論,將「六根」總為「一」,或以六根為「分別」,實亦「無妨」,因其主因唯在個人之妙用上。

5. 身清淨:「身」之展現,是「人」最整體性之色像,佛門常以因不同之修持法門,則將具有不同之法相,而又以得「淨琉璃」身,為「清淨」修持之果;「琉璃」為一透明體,清淨無染無雜質,唯能「得清淨身如淨琉璃」,正因清淨無雜染,才能印現一

---

[27] 隋·智顗《法華文句》卷10上〈釋法師功德品〉,大正34·140中。
[28] 隋·智顗《法華文句》卷10上〈釋法師功德品〉,大正34·140中。
[29] 隋·智顗《法華文句》卷10上〈釋法師功德品〉,大正34·140中。

切眾生之色像，以至諸佛、菩薩亦然。此清淨身，主要在「清淨」常體，以印現諸色像，但尚未至無漏法性，故不曰「妙身」，如云：「雖未得無漏，法性之妙身，以清淨常體，一切於中現。」[30]

6. 清淨意根：六根之前五根皆屬「外」，雖意根屬「內」，六根之發動皆源於「意根」。「意」雖不具見色、聞聲、嗅香、嘗味（言說）、身觸之作用，然「意」卻最具行動之決定力，如：於「見色」之當下，是否產生喜或厭，是否欲佔有或不爲所動，其關鍵點皆在「意」。以「意根」相對於「塵」，則爲「法」，「法」是純然之思緒，故「意」能清淨，則決定於「身」與「口」亦終將清淨。於神通之證得中，有一「他心通」，此亦可謂即是「意」之「神通」，以「意念」之清淨，才能感得眾生「心之所行、心所動作」，正因「意清淨」才能於佛法之思惟、籌量與言說等，與實相不相違背，此皆因「清淨」而然，故云：「持《法（花）華經》者，意根淨若斯，雖未得無漏，先有如是相。」[31]

《法華經》是以論「佛果」爲「本願」，是久遠已實成之；今佛開演是經，正爲言法華之殊勝所在，且爲彰顯受持讀誦法華之功德，特以「六根清淨」爲一受持所得之階位（功德）。據智顗之論：「若論六根清淨，清淨則不言功德若少若多；若言莊嚴，能盈能縮，能等等莊嚴者。」[32]《法華經》於「受持功德」上，所明示之「六根清淨」相，是一非究竟之地，故於「分別六根」之文中依次所言是：「雖未得天眼、天耳、法生鼻、（於舌根僅言常爲諸佛及弟子守護）、妙身、無漏。」此實爲吸引學人修持法華，雖

---

[30] 大正 9·50 上。
[31] 大正 9·50 中。
[32] 隋·智顗《法華文句》卷 10 上〈釋法師功德品〉，大正 34·139 下。

未至究竟地，但殊勝之相已然如是，亦當可想見，若能「一心」
受持、讀誦、演說以達究竟地，則殊妙功德當無法喻之。且因之
此「六根清淨」，是在於「六根可互用」，則其殊妙將為不可思議，
故於「清淨」中不言功德「若少若多」，此為盛讚「清淨」之德。
而若言「莊嚴」，則有「六、六百、千二」之盈縮，此即如云：「一
心中具十法界，一一界皆有十如，即成一百。一根通取六塵，即
有六百。約定慧二莊嚴，即是一千二百。若言千二顯其能盈，若
言八百顯其能縮。若言清淨，無盈無縮無等。」[33]「六根清淨」
非數字可喻之，故無盈縮之問題，無盈縮則無界線分別，故其功
德將無法計量。

---

[33] 隋・智顗《法華文句》卷 10 上〈釋法師功德品〉，大正 34・139 下-140 上。

玖、法華圓教「授記」之殊勝處

一、聲聞弟子受記：暢佛本懷，法應與記

於《法華經》中，有關佛為弟子授記以及弟子受記之事，並以「授記」或「受記」為品名者有三：授記品、五百弟子受記品與授學無學人記品。於佛經中，佛為弟子們授記是常見之事，有關「授記」之概說，據《佛光大辭典》簡述如下：

> 授記，有區別、分析、發展之意。本指分析教說，或以問答方式解說教理；轉指弟子所證或死後之生號；後專指未來世證果及成佛名號之預言（又作預記）
> 授記主要指證言未來成佛之意。
> 授記成佛之種類甚多。……
> 關於為何授記，《金光明最勝王經疏》卷6舉出三種原因：(1)菩薩多修功德，證得法性，故授記。(2)修證階位較淺之小菩薩，其成佛之種性尚未決定，時或生疑，為去除其疑，堅固其道心，乃為之授記。(3)令欣求佛果者見此授記，欣己當來亦可得此成佛之授記。[1]

《法華經》所論之有關「授記」說，可歸之為：「一·二乘授

---

[1] 《佛光大辭典》中冊，頁4587-4588，「授記」條，（高雄：佛光出版社，1989年）。

記作佛，即佛爲其聲聞弟子授記作佛。二·惡人授記作佛，即佛爲提婆達多授記作佛。三·女人授記作佛，即佛爲龍女授記作佛。」[2]「授記」依不同經論之述有各種不同之方法，然不論是「因人」或「因時」之差別而有不同之種類，但決然可確定的是，「授記」可謂是佛法中之「特殊處」，其指向是：畢竟終可成佛。《法華經》若如天台宗判爲圓教，則依「圓」之義，「佛」之成必依九法界而成佛。若依「佛」爲「果」而言之，則一切之眾生，不論是菩薩、緣覺、聲聞弟子，或學、無學等，一一皆可成佛。然所謂「授記」，已是成爲對未來世證果之預記，而《法華經》是會三乘爲一乘，是開權顯實，其授記之對象範圍，當與諸經有所不同，如智顗所云：

　　他經但記菩薩，不記二乘。
　　但記善、不記惡。但記男、不記女。
　　但記人天、不記畜。今經皆記。[3]

　　於《法華經》之〈授記品〉中，佛爲摩訶迦葉、須菩提、迦旃延、目犍連等大弟子授記，而授記之內容約有：佛名、劫名、國名、國土狀況、壽命、眷屬、正像法住世時間等。雖言依佛果而論，一切眾生皆當成佛，然佛之「授記」亦必有其依據，所憑藉即是修證者之「修持」，故佛爲其大弟子「授記」前，總有「修持」之方向論述，如〈授記品〉所言：

2　柯芬玲《妙法蓮華經的授記研究》，頁158-164，國立中正大學中國文學研究所碩士論文，2005年。
3　隋·智顗《法華文句》卷7上〈釋授記品〉，大正34·97上-中。

我此弟子摩訶迦葉，於未來世當得奉覲三百萬億諸佛世尊，供養、恭敬、尊重、讚歎，廣宣諸佛無量大法，於最後身得成為佛。

是須菩提，於當來世，奉覲三百萬億那由他佛，供養、恭敬、尊重、讚歎，常修梵行、具菩薩道，於最後得成為佛。

是大迦旃延，於當來世，以具供養奉事八千億佛，恭敬尊重。諸佛滅後，各起塔廟高千由旬，縱廣正等五百由旬，皆以金銀琉璃……供養塔廟。過是已後，當復供養二萬億佛，亦復如是。供養是諸佛已，具菩薩道，當得作佛。

是大目犍連，當以種種供具供養八千諸佛，恭敬尊重。各起塔廟高千由旬。皆以金銀琉璃……以用供養。過是已後，當復供養二百萬億諸佛，亦復如是，當得成佛。[4]

《法華經》以終歸「一乘」而言其為「圓」，且具九法界而成佛，然所謂「終歸一乘」若就遠劫前之本願而論，則一切眾生本是「佛」；而所謂「具九法界而成佛」，是指一旦成佛，則其所依憑之任何一法界，皆可成就其佛之功德。依「一乘」義、依「九法界皆成佛」義而觀之《法華經》，則法華所展現確為一「圓教」。然佛之「授記」是對得證之預記，此中是有條件因緣，如：奉覲恭敬尊重無量數佛、廣宣無量佛法大義、修梵行、見菩薩道、廣修供養、起塔廟等，換言之，佛之「授記」，則代表當具佛之功德成就所應修持之行願，若以普賢十大行願為可成就佛之功德，而

4　大正 9・20 中-21 下。

普賢之十大行願，有一主要特色，即如：四十《華嚴經》卷 40
所云：

> 爾時普賢菩薩摩訶薩，稱歎如來勝功德已。告諸菩薩及善
> 財言：善男子！如來功德，假使十方一切諸佛經不可說、
> 不可說佛剎極微塵數劫，相續演說不可窮盡。若欲成就此
> 功德門，應修十種廣大行願：禮敬諸佛者：⋯⋯虛空界不
> 可盡故，我此禮敬無有窮盡。念念相續，無有間斷，身語
> 意業無有疲厭。稱讚如來者：⋯⋯虛空界乃至煩惱，無有
> 盡故，我此讚歎無有窮盡。念念相續，無有間斷，身語意
> 業無有疲厭。[5]

佛之功德本不可以言說、文字而窮盡之，然普賢十大行願是
成就佛功德之門，惟此十大行願主要在「無有窮盡」、「無有疲厭」
上，以普賢十大行願所彰顯佛之功德，唯有一義，即：佛之功德
圓滿成就，無法以形象、音聲論。佛為弟子或學、無學人授記，
甚至為惡人、女人等授記，於《法華經》中，佛皆平等視之一如，
其因如智顗所言：「元諸佛本為大事因緣出世，令眾生開示悟入佛
之知見。今大事已顯，佛已說竟，眾生已入。暢佛本懷，眾生願
滿，法應與記。如父遇子，豈不付財。又行人無量也，行願願在
今佛。文云，其本願如此故獲斯記。」[6]依「本願故獲授記」，至
此則佛之本懷已顯，《法華經》所論唯在此：即一切眾生本具佛之
知見。而〈授記品〉所載是佛為諸大聲聞授記，此為本願之「因」

---

[5]　大正 10・844 中-下。
[6]　隋・智顗《法華文句》卷 7 上〈釋授記品〉，大正 34-97 中。

而然，故而「授記」則為應然。然佛為「授記」前之行願吩咐，正是為顯得佛「果」所應行之功德。足見，《法華經》雖為圓教說，亦終在佛法之「因」與「果」之律中。

二、五百弟子受記：一切智願猶在不失

佛為諸聲聞大弟子而授記，又為五百弟子授記，惟《法華經》分「授記」與「受記」：「授記」之「授」是指「佛」之「授予」，是以佛陀為立場；「受記」之「受」為「接受」義，是以弟子為立場。前之〈授記品〉與〈五百弟子受記品〉，雖言有「授記」與「受記」之不同，但於未來世是否能得證佛果之記別，實皆需仰賴佛陀之「授記」，故五百弟子亦終需待佛陀之「預記」成佛。本〈五百弟子受記品〉主要是藉富樓那：彌多羅尼子之宿世因緣論起，以啓悟五百弟子不應以得證小果為滿足，有關富樓那之「宿緣」，可歸納為如下數點，據〈五百弟子受記品〉所云：

1. 從佛聞是智慧方便，隨宜說法；又聞授諸大弟子阿耨多羅三藐三菩提記；復聞宿世因緣之事；復聞諸佛有大自在神通力，得未曾有，心淨踴躍。

2. 佛告諸比丘：我常稱其（富樓那）於說法人中，最為第一；亦常歎其種種功德，精勤護持，助宣我法，能於四眾示教利喜，具足解釋佛之正法，而大饒益同梵行者。自捨如來，無能盡其言論之辯。

3. 汝等勿謂富樓那，但能護持助宣我法；亦於過去九十億諸佛所，護持助宣佛之正法，於彼說法人中，亦最

第一。

4. 富樓那以斯方便（常能審諦清淨說法，無有疑惑、具
足菩薩神通之力、常修梵行），饒益無量百千眾生，又
化無量阿僧祇人，令立阿耨多羅三藐三菩提。[7]

佛為富樓那授記號曰「法明、如來……」，[8]而富樓那之所以
得蒙佛之「授記」，實則取決於其前世之善因緣，而其「說法第一」
非為釋尊當世住世而已，實亦已於過去無量之佛所亦為「說法人
中第一」，而此中最重要處在其「化無量阿僧祇人，令立阿耨多羅
三藐三菩提」，此為《法華經》之殊勝處，亦是佛終是以開示眾生
入佛知見之最關鍵處，學人能「立阿耨多羅三藐三菩提」才是佛
之本懷，而佛之「授記」亦只為斯事而不為其他。依佛之本懷，
一切眾生之本願皆本「立阿耨多羅三藐三菩提」，然又為何現象世
間中有菩薩、聲聞、緣覺等之差別，此乃如佛之偈言：

> 知眾樂小法，而畏於大智，是故諸菩薩，作聲聞緣覺，以
> 無數方便，化諸眾生類。自說是聲聞，去佛道甚遠，度脫
> 無量眾，皆悉得成就，雖小欲懈息，漸當令作佛。內秘菩
> 薩行，外現是聲聞，少欲厭生死，實自淨佛土。[9]

眾生樂著小法，實因去聖久遠，不明本願，菩薩為化聲聞、
緣覺，故「內秘菩薩行，外現是聲聞」，以是方便善巧而度脫無量

7　大正 9・27 中-下。
8　大正 9・27 下。
9　大正 9・28 上。

眾，令其得證佛果；而菩薩亦終在度眾中而嚴淨自己之淨土。於佛而言，所謂聲聞弟子與阿羅漢等，僅是暫時之「身相」不同，實於佛之本懷而言，一切眾生皆本當「授記」得證佛果，故當佛為富樓那「授記」得證佛果後，其他弟子亦為佛所授記，如〈五百弟子受記品〉云：

> 爾時千二百阿羅漢心自在者，作是念：我等歡喜，得未曾有，若世尊各見授記如餘大弟子者，不亦快乎！（佛知此等心之所念，告摩訶迦葉：是千二百阿羅漢，我今當現前次第與授阿耨多羅三藐三菩提記。[10]

於《法華經》中，佛授記之對象，是涵蓋一切其他經典中所曾論及之範圍，此因唯在《法華經》是以極遠之「本願」與究竟之「佛果」為論，故佛為其一切弟子授記，且兼之為阿羅漢授記終究得證無上正等正覺。而佛如是不同往昔經典之「授記」方式，正是要弟子們確然明白：「佛實未曾滅度」，據〈五百弟子受記品〉所云：

> 爾時五百阿羅漢，於佛前得授記已，歡喜踊躍，即從座起，到於佛前，頭面禮足，悔過自責：世尊！我等常作是念：自謂已得究竟滅度。今乃知之，如無智者。所以者何？我等應得如來智慧，而便自以小智為足。[11]

---

[10] 大正 9・28 上。
[11] 大正 9・29 上。

　　阿羅漢亦可得受佛之授記得證佛果，此於聲聞心態之小智者是難以想像的，然當佛確然為其授記後，始知原一切眾生本「應得如來智慧」，故若以阿羅漢之究竟滅度為極果，此與佛智之相較則成為「無智者」。佛於《法華經》中為阿羅漢授記，實為引小（阿羅漢）入大（菩薩），而阿羅漢與菩薩本實無分「小」或「大」，依一切眾生之遠劫本願，實無菩薩與阿羅漢之界分，此即佛門中常以「寶珠」而喻「自性」，一切眾生本具「自性寶珠」，於此而論，則一切眾生皆本平等一如，而「阿羅漢」之所以自以為已得滅度，實是於修證歷程中以「得少為足」，而忘懷本願所致，故阿羅漢們於佛之授記後，終得醒悟，如〈五百弟子受記品〉所云：

> 佛亦如是，為菩薩時教化我等，令發一切智心，而尋廢忘，不知不覺。既得阿羅漢道，自謂滅度，資生艱難，得少為足，一切智願猶在不失。今者世尊，覺悟我等，作如是言：諸比丘，汝等所得，非究竟滅。我久令汝等種佛善根，以方便故示涅槃相，而汝謂為實得滅度。世尊！我今乃知實是菩薩，得受阿耨多羅三藐三菩提記。以是因緣，甚大歡喜。[12]

　　阿羅漢實為「菩薩」，此是依「智慧本願」而言則必然如是，正因佛法肯定一切眾生之「智願」與佛無異，故一切眾生終本成佛，此為佛義之「決定說」；亦因肯定眾生與佛之「本智願」無別，且終不散失，故眾生即使墜入三塗苦，或成壹闡提，然其「自性」

---

[12] 大正 9‧29 上。

終究無所謂「斷或不斷」之問題，其「本智願」亦無所謂「失或不失」之問題，以是壹闡提終可成佛，九法界眾生亦終可得證阿耨多羅三藐三菩提，如是之論點雖言是《法華經》之殊妙處，實是整體佛法義最終究之肯定。「心、佛與眾生，是三無差別」，此雖爲《華嚴經》之論，然此擬於《法華經》佛授記所涵蓋之範圍，則佛與眾生本確然無分別，而「阿羅漢」與「菩薩」之別，並不在其根本之「智願」上，而在其「心」態以「得少爲足」上，問題既不在「本源」上，則只要有善巧方便法，終可使蒙垢之「寶珠」再現光輝，法華以佛「授記」爲眾生之「本願」呈顯圓盡，此是《法華經》之真實義。

三、學、無學人受記：寂然清淨，一心觀佛

佛之「授記」是一種肯定，以修證佛法者而言，能得佛之「授記」成佛，實遠勝一切之通經明典、辯才無礙、神通自在等。《法華經》中佛爲眾聲聞弟子、阿羅漢等授記，除此亦廣面爲「學」與「無學」人授記，且別立一品，據智顗所論：

> 研真斷惑名爲學，真窮惑盡名無學。
> 析法研真名之爲學，惑盡真窮名爲無學。
> 體法研真名之爲學，無真無惑名爲無學。
> 自淺之深名之爲學，通別惑盡權實理窮名爲無學。[13]

---

13 隋・智顗《法華文句》卷 8 上〈釋授學無學人記品〉，大正 34・107 中。

「學」與「無學」之義，簡言之：「學」代表尙處於行修之階
段；「無學」代表「學」已臻至極，智顗以阿羅漢名爲「無學」：「研
修眞理，慕求勝見，名之爲學。學位在三果四，向眞無漏慧也。
阿羅漢果，研理已窮，勝見已極，無所復學，故名無學。」[14]於
〈授學無學人記品〉中，阿難（爲佛之隨侍者）、羅睺羅（爲佛子），
於知眾聲聞弟子與阿羅漢等，皆蒙佛之授記，故亦自思於「受記」
上亦當有分，如〈授學無學人記品〉所云：

> 阿難、羅睺羅俱白佛言：我等於此，亦應有分。唯有如來。
> 我等所歸。又我等爲一切世間天、人、阿修羅所見知識。
> 阿難常爲侍者，護持法藏；羅睺羅是佛之子，若佛見授阿
> 耨多羅三藐三菩提記者，我願既滿，眾望亦足。爾時學、
> 無學聲聞弟子二千人，皆從座起，到於佛前，一心合掌，
> 瞻仰世尊，如阿難、羅睺羅所願，住立一面。[15]

本品佛首先爲阿難受記，阿難爲佛之侍者，於法最爲多聞，
理應最先蒙佛受記，然事實不然，此中之因緣，如佛所言：「我與
阿難等，於空王佛所，同時發阿耨多羅三藐三菩提心。阿難常樂
多聞，我常勤精進，是故我已得成阿耨多羅三藐三菩提。而阿難
護持我法，亦護將來諸佛法藏，教化成就諸菩薩眾，其本願如是，
故獲斯記。」[16]「精進」勝「多聞」，此乃佛法重實地修證，非以
多聞講說爲上；阿難於佛弟子中，是以「多聞第一」爲稱，今佛

---

[14] 隋‧智顗《法華文句》卷8上〈釋授學無學人記品〉，大正34‧107中。
[15] 大正9‧29中-下。
[16] 大正9‧30上。

為阿難授記，實不因「多聞」之故而為其授記，阿難「多聞」為其心態與當時隨侍佛故，此為暫時之因緣際會，若論阿難之「本願」，確然已發阿耨多羅三藐三菩提，故今當授記。佛為阿難授記已，再為羅睺羅授記，且言：「當供養十世界微塵等數諸佛如來，常為諸佛而作長子，猶如今也。」[17]羅睺羅為佛之長子，於佛之弟子中以「密行第一」而稱之。羅睺羅今世之所以能成為佛之長子，實源於其過往世「常為諸佛而作長子」所致。佛為自己最親近之隨侍與長子授記，實在曉喻眾生，事出必有因，唯能於往昔本願深種善根，才有得佛授記之今日，故佛為羅睺羅授記後所言之偈語是：「羅睺羅密行，雖我能知之，現為我長子，以示諸眾生。無量億千萬，功德不可數，安住於佛法，以求無上道。」[18]佛之示語，令「學、無學二千人，其意柔軟，寂然清淨，一心觀佛。」[19]於此，佛亦終為學、無學人授記。

　　依佛法之修證而言，依一切眾生之「本願」而論，實一切眾生皆本可得佛之授記，然《法華經》於「授記」上，卻別分不同品目，由諸聲聞弟子、阿羅漢、學與無學人，品目各有不同，卻層層擴展其授記範圍。此中「學與無學人」獨為一品，惟其內容是「阿難」與「羅睺羅」，而「學與無學二千人」反而似成一陪襯；若阿難多聞代表「學」，而羅睺羅密行可代表「無學」，然所謂「學」，依佛意並非是向外學多聞之學，而是「學不待學之學」；而所謂「無學」，亦非不學，而是學契入本願之無學。依理，實一切之修證者，皆可涵括在「學與無學人」中，而佛特以當其「寂然清淨、一心

---

[17] 大正 9‧30 上。
[18] 大正 9‧30 上-中。
[19] 大正 9‧30 中。

觀佛」時,即爲其授記,並曰:「於十方國各得成佛,皆同一號。」[20]足見,佛之「授記」重點非僅在「學」上,但功德成就自當不可廢,唯能顯現久遠實成之本願才是關鍵。

四、提婆達多受記:行逆而理順

於佛經之記載中,釋尊之弟子有善、有惡,而「提婆達多」可謂是惡弟子之最具代表者,有關提婆達多之叛反事蹟,如:破和合僧、出佛身血、犯第三無間業等,[21]於各經律中皆有記載。然本《法華經》特立一〈提婆達多品〉,內文之述重點不同於各經律,本品以往昔因緣爲啓,言提婆達多是一善知識仙人,特以《妙法華經》教化一國王(佛之前身),如本品所云:

> 佛告諸比丘:爾時王者,則我身是。時仙人者,今提婆達多是。由提婆達多善知識故,令我具足六波羅蜜慈悲喜捨三十二相、八十種好紫磨金色。十力、四無所畏、四攝法、十八不共神通道力,成等正覺廣度眾生。皆因提婆達多善知識故。告諸四眾:提婆達多卻後過無量劫,當得成佛,號曰:天王、如來……。
>
> 佛告諸比丘:未來世中,若有善男子、善女人,聞妙法華經提婆達多品,淨心信敬,不生疑惑者,不墮地獄、餓鬼、畜生,生十方佛前。所生之處,常聞此經。若生人天中,

---

[20] 大正9‧30中。
[21] 可參見柯芬玲《妙法蓮華經的授記研究》,頁124-143,國立中正大學中國文學研究所碩士論文,2005年。

受勝妙樂。若在佛前蓮華化生。[22]

　　有關提婆達多之惡行，《法華經》中未言一字。反以提婆達多為一善知識，亦正因其之教化，使佛得成等正覺而廣度眾生，以往昔本事因緣而論，則提婆達多尚為釋尊之師。惟釋尊於提婆達多前而得證佛果，且能再為其授記成佛，實源於釋尊尊重法故，能為法忘軀，如云：「王聞仙言，歡喜踴躍。即隨仙人供給所須，採菓汲水，拾薪設食，乃至以身而為床座。身心無惓，于時奉事經（《法華經》）於千歲，為於法故，精勤給侍，令無所乏。」[23]顯然，《法華經》之論是以一切眾生依其本願皆可得佛授記為主，而釋尊之「成」唯在「尊重法」、「依法修行」故，此為《法華經》之真正著力處。

　　正因〈提婆達多品〉於提婆達多之罪行隻字未提，故智顗於〈釋提婆達多品〉起首之下有一小注：「生時人天心熱，因此立名，即因緣釋名也。因行逆而理順，即圓教之意，非餘教意也。本地清涼，迹示天熱，同眾生病耳！」[24]「提婆達多」之立名是「生時人天心熱」，於此，智顗對於提婆達多之罪行則有着筆：「提婆達多亦言達兜，此翻天熱。其破僧將五百比丘去，身子厭之眠熟。目連擎眾將還，眠起發誓，誓報此怨。捧三十肘石、廣十五肘擲佛。山神手遮，小石迸傷，佛足出血。教闍王放醉象蹋佛，拳花色比丘尼死。安毒十爪欲禮佛足，佛足中傷於佛，是為五逆罪。若作三逆，教王毒爪，並害佛攝，以其應行逆，生時人天心熱。

---

[22] 大正 9・34 下-35 上。
[23] 大正 9・34 下。
[24] 隋・智顗《法華文句》卷 8 下〈釋提婆達多品〉，大正 34・114 下。

從是得名,故言天熱,此迹也。若作本解者,眾生煩惱,故菩薩示熱。同其病行,而度之。此品來意,引古弘經,傳益非謬。明今宣化,事驗不虛。舉往勸今,使流通也。」[25]智顗雖詳列提婆達多之種種罪行,並稱其為「行逆」,然又言此「行逆」為「迹」,「迹」即代表是一時之行,任何之「行」雖必留下「迹」,但「本」才是「永遠」。故雖言提婆達多因行逆而以「天熱」為其釋名,但《法華經》終未描述其罪行,主要在「行逆而理順」,「行逆」為「一時」是「因緣」所聚;而「理順」為「永久」,是「本願」所致;《法華經》是以「圓教」立場而觀提婆達多之罪行,且依「本願」而視其「逆行」,故仍肯定提婆達多為「本地清涼,迹示天熱」,依如是圓教之意,則《法華經》肯定「本」之立意甚是明確,而提婆達多亦因「本願」,故終得佛之授記,此確為《法華經》不同他經之殊妙處,亦是天台大師判其為「圓教」義。

五、龍女受記:法性如大海,平等無高下

依法華圓教妙義,為暢佛之本懷,且依眾生之本願,一切眾生皆當授記得證阿耨多羅三藐三菩提,即或如提婆達多亦得佛之授記。除此,《法華經》亦載龍女受記之事,如〈提婆達多品〉云:

> 文殊師利言:我於海中,唯常宣說《妙法華經》。
>
> 智積問文殊師利言:此經甚深微妙,諸經中寶世所希有。
>
> 頗有眾生勤加精進,修行此經,速得佛不?文殊師利言:

[25] 隋・智顗《法華文句》卷 8 下〈釋提婆達多品〉,大正 34・115 上。

有裟竭羅龍王女，年始八歲，智慧利根，善知眾生諸根行
業，得陀羅尼。諸佛所說甚深祕藏，悉能受持。深入禪定，
了達諸法。於剎那頃，發菩提心。得不退轉，辯才無礙。
慈念眾生，猶如赤子。功德具足，心念口演。微妙廣大，
慈悲仁讓，志意和雅，能至菩提。[26]

　　龍女之得證，是由文殊師利所宣說，其中有關「成佛」之重
要關鍵，由自利（受持、入定），至自利利他（發菩提心、心念口
演），再成純然利他（微妙廣大、慈悲仁讓），龍女之功德全然具
足，其得證佛果當無有疑慮。然「女身」多為「垢穢」，於佛法中
似成一「見」，故文殊師利宣說龍女得證菩提之事，即受到智積菩
薩與舍利弗甚大之質疑，如〈提婆達多品〉所云：

智積菩薩言：我見釋迦如來，於無量劫，難行苦行，積功
累德，求菩提道，未曾止息。觀三千大千世界，乃至無有
如芥子許。非是菩薩捨身命處，為眾生故。然後乃得成菩
提道。不信此女，於須臾頃，便成正覺。[27]
時舍利弗語龍女言：汝謂不久得無上道，是事難信。所以
者何？女身垢穢，非是法器。云何能得無上菩提？佛道懸
曠，經無量劫，勤苦積行，具修諸度，然後乃成。又女人
身，猶有五障：一者不得作梵天王、二者帝釋、三者魔王、
四者轉輪聖王、五者佛身。云何女身速得成佛？[28]

---

26 大正9‧35中。
27 大正9‧35中。
28 大正9‧35下。

　　智積菩薩之疑在以釋尊修證為例，於「劫」需「無量」，於「行」需「難與苦」，成就菩提道無法輕易取巧；智積菩薩所論在「修證」是「成佛」之根據，而「修證」是一步一腳印，絕不能「於須臾頃，便成正覺」。而舍利弗之疑在「女身」上，以女身多障、垢穢，得佛身實為不可能。《法華經》是以開演眾生之「本願」為主，而智積與舍利弗所表達之立場論見，是「迹」之事，是「修證」之事，惟法華圓教義在「本」不在「迹」，故智積與舍利弗之言，於《法華經》中只代表某一種述說而已，惟「龍女」之展現才符法華圓教義。於受智積與舍利弗之質疑後，龍女即以具體行動呈現一事實：「將價值三千大千世界寶珠，持以上佛，佛即受之。」[29]「寶珠」所代表之意義，據智顗之論：「龍女現成明證復二。一者獻珠表得圓解。圓珠表其修得圓因，奉佛是將因剋果。佛受疾者，獲果速也。此即一念坐道場，成佛不虛也。二正示因圓果滿。《胎經》云：魔梵釋女皆不捨身、不受身，悉於現身得成佛故。偈言：法性如大海，不說有是非。凡夫賢聖人，平等無高下。唯在心垢滅，取證如反掌。」[30]「寶珠」除象徵「圓因、圓果」外，「寶珠」亦代表「自性」，「自性」本自最具圓滿、充實、無生、無垢等，一切眾生之自性與佛無有差異，而「女身」、「男身」之現皆只是一時之表象，皆只是「迹」而已；或曰：「佛為男身」、「女身不得成佛」，此皆只是「迹」，而成佛之關鍵不在「男身」或「女身」之差異，惟在「法身」上，而「法身」本具「三十二相、八十種好」，此為「本」，此為「成佛」之依據，故龍女不為其「女身」

---

[29] 大正 9‧35 下。
[30] 清‧智顗《法華文句》卷 8 下〈釋提婆達多品〉，大正 34‧117 上。

而作辯解，而是以「神力」展現其成佛無疑，龍女於持寶珠上佛後，又謂智積與舍利弗言：

> 我獻寶珠，世尊納受，是事疾不。答言：甚疾。女言：以汝神力觀我成佛，復速於此。當時眾會皆見龍女，忽然之間變成男子，具菩薩行。即往南方無垢世界，坐寶蓮華成等正覺，三十二相、八十種好，普為十方一切眾生演說妙法。爾時娑婆世界菩薩、聲聞、天龍八部、人與非人，皆遙見彼龍女成佛。普為時會人天說法。無量眾生聞法解悟，得不退轉，無量眾生得受道記。[31]

　　誠如智顗之論，「法性如大海，平等無高下」，法華圓教義，所依正是「法性平等」，於此一切眾生皆當受道記。《法華經》所言之「授記」，確不同其他經典或一見，法華依「圓教」而展現佛「授記」之範圍，實涵蓋一切法界之眾生，亦唯有依圓教立場以論如來之勝功德，才能圓滿而無缺漏，使演說如來之成就功德者，確然相續而不可窮盡。

　　《法華經》為佛之圓說，統理三乘總歸入一乘，亦如天台宗大師所言，「成佛」則必依「九法界」而成佛，此即為《法華經》之所以判為圓教之主因。若依「圓教」義，則九法界皆當成佛，此中必無一缺漏，而「佛」為一切法界、眾生「授記」亦為當然，此為《法華經》中佛分別為聲聞弟子、學無學人以至提婆達多與龍女分別授記之故。若依一切眾生之「本願」本與「佛」無異，

31　大正 9・35 下。

一切眾生既已是佛，是否必需再經「佛」為之授記，此中所涉及之問題有：

1. 釋尊之「本生」因緣中，尚由燃燈佛為之「授記」，然燃燈佛又由何位「佛」為之授記，此中不僅有「授記」之源頭考證，亦有關於「成佛」之淵源與認證之問題。

2. 若依眾生於累劫流轉中，其中之因緣各異，以至有「十法界」之界分，此是依「流轉因緣」而言眾生之「異」，然依「本願」而言則一切眾生是「同」。今《法華經》佛之授記是「分別」記之，既是授證成佛，則理應是依「本願」始能為之，既依「本願」，則佛為眾生授記，理當是「同」，然《法華經》有〈授記品〉、〈五百弟子受記品〉、〈授學無學人記品〉與〈提婆達多品〉，顯然是依學人之「身分」而分品目；惟「授記成佛」是既定終究之目標，故依「身分」之不同而分別為之「授記」，是否有違《法華經》「但論一乘」之旨？

據智顗之論：「諸經受記。《淨名》云：從如生得記，從如滅得記，如無生滅則知無記。《思益》云：願不聞記名。《大品》云：受記是戲論。今經云何？答：若見有記記人，此見須破。菩薩誓記，此記須與。若通途記，如〈法師品〉。若正因記，如〈常不輕〉。若緣因記，如〈法師品〉十種供養。若了因記，如授三根人。若正因記則廣，若緣了記則狹。或遲記、或速記、或佛記，如此文。或菩薩記如不輕，雖無劫國之定，亦得是記。復懸記如〈化城品〉未來弟子是也。」[32]由智顗之論中，已然指出，正因眾生有流轉生死，故有「受記」之事，若一切眾生皆本住於「本願」，則確然

無需有「受記」之舉。亦正因眾生流轉因緣各異，故有種種不同之「記別」。顯然，智顗是依「流轉」而言「受記」，於此，則《法華經》依學人「身分」而分品目不同且佛之「授記」則為「異」，此為智顗所肯定，亦是《法華經》雖一再強調「唯一佛乘」，但方便之「三乘」權法亦不廢之，故佛於《法華經》之「授記」亦必採「分」之方法。另據云：「在授記作佛中，必預設有過去及未來佛，並且十方世界無量無數都有佛、菩薩，這些在部派佛教時期就已逐漸發展開來，到了大乘佛法的時期，十方三世有無量諸佛菩薩是接受大乘佛法者所公認的。授記思想的展開，到了《法華經》為二乘授記作佛，達到了最高峰。」[33]隨著佛法之開展，且於「成佛」之契盼，至《華嚴經》已有「十方成佛」之論，即於不同之時空間中，可同時有無量數之成佛者，此可謂是佛法義之發展所形成之一種共識。[34]惟有關「授記」之事，據《增壹阿含經》所論：「如來出現世時，必當為五事。云何為五：一者當轉法輪，二者當度父母，三者無信之人立於信地，四者未發菩薩意者使其發菩薩心，五者當授將來佛決。」[35]此中之主角是如來」，「如來」為一切成「佛」者之尊號之一，「如來」可謂是一「通稱」，「釋迦牟尼佛」才是「專稱」，故以「如來」出世必行五事，此五事總曰只有二：一為度眾（前四者皆屬之），二為授記。在肯定「十方」既可同時有無量數之「成佛」者，則「如來」（佛）行「授記」之事，亦將是普遍之「必行事」。

---

[33] 蘇昭銘《法華玄贊對法華論種姓思想的繼承與發展》，頁 83-84，中國文化大學哲學研究所碩士論文，1996 年。

[34] 可參見拙著《華嚴經之「成佛」論》，（台北：萬卷樓圖書公司，2006 年）。

[35] 《增一阿含經》卷 27〈邪聚品〉，大正 2・699 上。

拾、《法華經》論「佛乘之果」之意義

一、論如來之神力：為付囑流通

　　《法華經》是「圓教」說，此依據是智顗之判教論，然於智顗所建構之「天台思想」中，《法華經》之思想，對其影響最鉅之部份，當為「一乘思想」與「諸法實相」，[1]依「三乘歸一乘」義，依「佛唯論一佛乘」，以及「唯佛與佛能究盡諸法實相」等，如是之義之論述，是遍入於《法華經》中。《法華經》強調「一乘」，既立基於「一乘」而論一切眾生，則一切眾生並無本質上之差異，總之，一切眾生之「本願」皆是相同，由「本」是同，以至其「果」亦必同，故以「一乘」義而論，則《法華經》終是為開「乘果」（佛乘之果），雖亦論三乘，但三乘終歸「一乘」，是以《法華經》雖用甚多之譬喻、象徵、暗示等方式以說明「諸法實相」，然於何謂「諸法實相」義？《法華經》並未詳細剖析，僅論及：「諸法實相：所謂諸法如是相、如是性、如是體、如是力、如是作、如是因、如是緣、如是果、如是報、如是本末究竟等。」[2]智顗即以此「十如」再加上「十界」，且彼此可互往，而形成其「百界千如」、「一念三千」等之思想，智顗所建構之思想中，除上之「義理」

---

[1]　新田雅章著，涂玉盞譯《天台哲學入門》，頁 63：「一乘思想從思想的構造性格來看，悟的條件端賴行的成熟。」又頁 67：「《法華經》對實相的說明：『僅止於指示』法（真理）。」（台北：東大圖書公司，2003 年）。

[2]　《法華經》〈方便品〉，大正 9・5 下。

外,尚有「修行」之論,此以「止觀」為代表性,若言:「悟的條件端賴行的成熟」,則智顗之「三大部」:《法華玄義》、《法華文句》與《摩訶止觀》,正可涵括「悟」與「行」。惟《法華經》特言:「佛所成就第一希有難解之法,唯佛與佛乃能究盡諸法實相。」[3]「第一希有難解之法」為「佛所成就」,為「唯佛與佛乃能究盡諸法實相」,顯然,「諸法」之如「實相」,除得證「佛果」者外,其他如菩薩及其以下者皆無法窮究之,此正亦可補足說明:《法華經》雖以論述「一乘思想」與「諸法實相」為主,但又因如是之思想,唯「佛」可證知,故在釋尊行遊教化四十九年後,終以「實無言一字」曉予弟子們,理論之敷陳僅是教化之方便,於「諸法實相」上,佛能悟而得證,但無法言一字,唯待眾生自證「佛果」即可得知,以是《法華經》既為佛之最後圓教說,故實不必於法義敷陳上再多著墨,此於其他諸經中早已展現,至此,《法華經》理應在「佛乘之果」上而有說明,唯「諸法」之「實相」即是「無相」,是無法落於文字、言說之上,然《法華經》對此「實相」卻又無法不論之,雖是「僅止於指示」,但畢竟是有所「指示」,此即是於《法華經》二十八品中,特有標「如來」為「品名」者,如「如來神力」與「如來壽量」,此即是「指示」有關得證「如來」之「佛果」。《法華經》有言:「不聞《法華經》,去佛智甚遠,若聞是深經,決了聲聞法,是諸經之王,聞已諦思惟,當知此人等,近於佛智慧。」[4]《法華經》為「諸經之王」,此為於《法華經》之尊崇,但重點在,聽聞《法華經》後,要能「決了聲聞法」,即悟知聲聞非究竟佛說,之後,必「諦思維」,即於「佛之指示」「諸法

---

[3] 《法華經》〈方便品〉,大正9‧5下。

[4] 《法華經》〈法師品〉,大正9‧32上。

實相」中，能「悟」與「行」並進，以達「得證」之境，此即佛於《法華經》中論「乘果」之用意。

　　《法華經》為如來之最後付予，是圓望將一切眾生皆帶往佛果，不論「時劫」已經過無量無數，惟一切眾生終可依本願而返歸得見本來面目。《法華經》是為一切眾生指向「三乘終歸一乘」而敷陳，然「三乘」人終因小智小慧，難信得有證入佛乘之一日，故如來為使眾生確然相信佛言無誤，即以「神力」展現其功德、威信等，如：〈如來神力品〉所云：

　　爾時世尊現大神力，出廣長舌，上至梵世，一切毛孔放於無
　　量無數色光，皆悉遍照十方世界，眾寶樹下、師子座上，諸
　　佛亦復如是，出廣長舌，放無量光。釋迦牟尼佛及寶樹下諸
　　佛，現神力時滿百千歲，然後還攝舌相。一時謦欬，俱共彈
　　指，是二音聲，遍至十方諸佛世界。[5]

　　依佛經而論，佛展現「神力」是一常見之事，其中主要是為吸引眾生目光，且藉由佛神力之展現，欲令一切眾生起欣慕心，勇向佛道。於《法華經》中，如來示現不可思議之神力，其因有：一為菩薩奉命度他，一為菩薩自願奉持「真淨大法」，此即如云：「世尊！我等於佛滅後，世尊分身所在國土滅度之處，當廣說此經。所以者何？我等亦自欲得是真淨大法，受持、讀誦、解說、書寫而供養之。」[6]如來之現神力，顯然是為往後之「付囑流通」，故諸菩薩之誓願：時節為「佛滅後」，處所為「佛分身所在國土」，

---

[5]　大正 9・51 下。
[6]　大正 9・51 下。

行願爲「廣說《法華經》」，而《法華經》之內涵重要性是：「如來
一切所有之法，如來一切自在神力，如來一切秘要之藏，如來一
切甚深之事，皆於此經宣示顯說。」[7]以《法華經》爲「如來」之
甚深心法，故如來之示現神力，實爲「弘經」而然，諸菩薩於「自
願」與「奉命」兼濟之下，則更能彰顯佛「十神力」之殊勝與意
義：

一、吐舌相（出廣長舌）：今經所演開三顯一，內秘外現，廢
　　　近顯遠，明三世益物皆誠諦不虛。

二、通身毛孔遍體放光（一切毛孔放於無量色光）：放一切光，
　　　照一切土，能令初因終于等覺究竟佛慧。

三、謦咳：四十餘年隱秘真實，今獲伸舒無有遺滯，是我出
　　　世大事通暢。是故謦咳，欲以此法付諸菩薩，令於後世
　　　導利眾生。

四、彈指：隨喜也。隨喜諸菩薩持真淨大法，隨喜後世獲無
　　　上寶。此一彈指豎徹三世、橫亙十方。

五、地六種動：表初心至後心六番動無明。今明復動一切人
　　　六根令得清淨也。

六、普見大會：表諸佛道同也。從諸菩薩弘經得道，入於佛
　　　慧，如今會無異，亦表未來有機一也。

七、空中唱聲：表於未來有教一也。

八、南無歸命爲佛弟子：表於未來有人一也。

九、遙散諸物，雲聚而來：表未來有行一也。

---

[7]　大正 9・52 上。

十、十方通同如一佛土：表理一也。[8]

　　智顗依〈如來神力品〉佛所示現之種種現象，總歸為「十大神力」，並一一闡釋其內涵意義。如來之神力本不可測，且其間之轉變更不可思議，惟然如《華嚴經》所廣面論述之「法界無量無數」，一一毛孔中尚有極微塵數之一一毛孔，法界之數亦如是，依華嚴之要旨：「三界唯一心作」，此為一「統整」義。而《法華經》雖不言「法界」，但總論「會三乘為一乘」，於一切世間之眾生，統整而言為：「唯一佛乘」；此「如來」之「十大神力」，此中之「十」為表「圓」義；而「如來」即是眾生義，眾生依法修證可得佛果，眾生依「本願」則與佛無異；而「神力」之示現其義唯在「理一」，依此「理一」則可有無數之神力示現，然皆為展現佛之究竟功德則無有別異；今《法華經》藉由「十大神力」所顯現之法華妙理即是：真實、究竟、清淨、無隱秘、益他，此即為佛四十多年說法之終極目的。

二、論如來之壽量：為度眾生，雖不滅度而言滅度

　　法華之妙義指向，究竟是在「如來」？亦或是在「眾生」？若言法華妙義特為彰顯唯一佛乘，故其所論當以「如來」為重，然若持此論者，則將忘失佛開三乘之用意。若言法華妙義所論在強調「三乘」為方便，故當以「三乘」學人為重，然若持此論者，則將廢離「同歸一乘」之究竟義。今觀《法華經》之二十八品，

---

[8]　隋·智顗《法華文句》卷10下〈釋如來神力品〉，大正34·141下-142上。

以「如來」為「品名」者有:〈如來壽量品〉與〈如來神力品〉,
依佛之究竟得證而論,「壽量」為表時間,「神力」為表功德,此
皆無法計數。依法華圓教義,言三乘是為一乘,論一乘當不廢捨
三乘,三乘實為一乘,一乘而開三乘,此中不可界分,故分言「如
來」之功德、神力,實亦在顯眾生遠劫之本願。於佛而言,其功
德成就為天人無法思議之,今先論究「壽量」事,據〈如來壽量
品〉所云:

> 佛告大菩薩眾:我說燃燈佛等,又復言其入於涅槃,如是皆
> 以方便分別。
> 若有眾生來至我所,我以佛眼,觀其信等諸根利鈍,隨所應
> 度,處處自說名字不同,年紀大小,亦復現言,當入涅槃。
> 又以種種方便,說微妙法,能令眾生發歡喜心。
> 如來見諸眾生樂於小法,德薄垢重者,為是人說:我少出家
> 得阿耨多羅三藐三菩提,然我實成佛已來久遠若斯,但以方
> 便教化眾生,令入佛道作如是說。如來所演經典,皆為度脫
> 眾生,或說己身、或說他身,或示己事、或示他事,諸所言
> 說,皆實不虛。所以者何?如來如實知見三界之相,無有生
> 死,若退若出,亦無在世及滅度者。如來明見無有錯謬。眾
> 生有種種性、種種欲、種種行、種種憶想分別故,欲令生諸
> 善根,以若干因緣、譬喻、言辭種種說法,所作佛事,未曾
> 暫廢。
> 我成佛已來,甚大久遠,壽命無量阿僧祇劫常住不滅。
> 諸善男子!我本行菩薩道所成壽命,今猶未盡,復倍上數。
> 然今非實滅度,而便唱言當取滅度,如來以是方便教化眾生。

若佛久住於世，薄德之人不種善根。若見如來常在不滅，便起憍恣而懷厭怠，不能生難遭之想、恭敬之心，是故如來以方便說。

如來難可得見，斯眾生等聞如是語，必當生於難遭之想，心懷戀慕，渴仰於佛，便種善根，是故如來，雖不實滅而言滅度。[9]

　　以「色身」而言，一切天人只能是住一世，爲眾生然，爲佛亦然，故諸佛有「入涅槃」說。若依「法身」而言，佛雖住世一世，但其「法」、其「功德」，終將傳予後代永無窮盡，故就「法身」而論，則諸佛實從未入涅槃。而「佛」之讚稱是在「法身」，而不在「色身」，以是而知，佛之壽量終有限。佛言「入涅槃」或「法身常在」，此爲應機而方便說；同理，佛爲眾生開示「我少出家得阿耨多羅三藐三菩提」，是爲引眾生能如法修道、證悟，然佛又言：「我實成佛已來久遠若斯」，此即是以問「近成」是「方便」，明「遠成」即是「真實」，唯法華是開三顯一、會三歸一、開近顯遠，一切方便說皆爲顯佛之真實義，以是「如來雖不實滅而言滅度」，正是法華之妙旨。智顗對於如來之有關「壽量」有云：「是我方便，諸佛亦然。又諸菩薩聞壽量發願，願我於未來，說壽亦如是，此即諸佛道同。亦不偏言一近一遠，故知寄無始無終、無近無遠，顯法身常住。有始有終、有近有遠，論其應迹。用此義望諸經，對緣雖異，終不異也。」[10]方便即實義，滅度與壽量無窮，皆爲佛說，亦皆是諸經之義，於度眾（對緣）有異，然於佛

---

[9]　大正 9・42 中-43 上。
[10]　隋・智顗《法華文句》卷 9 下〈釋壽量品〉，大正 34・127 中-下。

法之終極目標則「不異」，此是《法華經》之妙義，而法華義旨亦即是諸佛、諸經之妙理、妙義。

佛之壽量「甚大久遠」、「常住不滅」，此乃就「佛乘之果」而論佛所具有之殊勝功德相。《法華經》在論佛之「壽量」，其所採取之方法是「開近顯遠」，以「近」而言，則是：「今釋迦牟尼佛出釋氏宮，去伽耶城不遠坐於道場，得阿耨多羅三藐三菩提。」[11]此即是釋尊現「釋迦牟尼身」，生於印度，且出家、坐菩提樹下、證悟成佛之「近迹」歷程，此「近迹」僅止住「一世」，釋尊亦僅此「一身」，此為歷史上現實之釋迦牟尼。惟《法華經》依此「近迹」實為顯一「遠成」永遠之佛，此即超越歷史之現實意義，於是如來之壽量以「遠成」而言，則是：「實成佛已來，無量無邊百千萬億那由他劫。」[12]以是而論：「佛」實未曾滅度過，佛之身常住不滅，唯此「身」當必為「法身」，因任何之色身，亦僅能住一世，以「釋迦牟尼身」而言，亦僅住世八十年而滅度，故依「遠成」所成之佛「身」，當為「法」身，此亦代表佛壽量無限、佛身之常住，是以「法」為傳承而言之，是以釋尊之前早已有無量成佛者，而於釋尊之最後付囑中，亦有所謂「未來佛」之思想出現，此「過去、現在、未來」之「佛」之論述，無異在言「法」之存在，即代表「佛壽之久遠」、「佛身之常住」。今觀〈如來壽量品〉中，「彌勒」為菩薩眾代表之首，如云：

> 爾時佛告諸菩薩及一切大眾諸善男子：汝等當信解如來誠諦之語。復告大眾：汝等當信解如來誠諦之語。又復告諸大眾：

---

[11] 《法華經》〈如來壽量品〉，大正 9 · 42 中。
[12] 《法華經》〈如來壽量品〉，大正 9 · 42 中。

汝等當信解如來誠諦之語。是時菩薩大眾，彌勒為首合掌白
佛言：世尊！唯願說之，我等當信受佛語，如是三白已。復
言：唯願說之，我等當信受佛語。爾時世尊，知諸菩薩三請
不止，而告之言：汝等諦聽，如來秘密神通之力。[13]

　　佛為闡述「佛壽量無限」與「常住不滅身」之義，先經三次
之告大眾：「當信解如來誠諦之語」，且再經「未來佛」之代表「彌
勒」三次勸請，在如是「佛三告」、「彌勒三請」下，佛才正式闡
述佛之「乘果」。足見，欲令眾生誠信如來實未曾滅度，其「壽命
無量、常住不滅」，是為不易。依現實之理、現實之示現，釋尊僅
住世八十年，今《法華經》開近（釋尊住世八十年）以顯遠（佛
壽命無量），此除為肯定佛之「法」有承襲（過去）與發展（未來）
外，更是肯定「本迹」之關係：釋尊早已於無量劫覺悟而證得法
身，此法身常住不滅，此即為「本」；因「本」故才能再開「迹」，
故有示現以釋迦身而遊行教化眾生。[14]依《法華經》「本迹」之關
係，一切眾生之「本願」皆已得證阿耨多羅三藐三菩提，於「本」
而言，則眾生與佛等同無差異，以此之因，故佛於《法華經》中
能為聲聞弟子、提婆達多與龍女等授記，此即是一皆依「本」而
能如是。若謂「本迹兩者不能離」，「迹」必由「本」而有，而「本」
亦必為「迹之本」，如是之「本迹」關係，放之於「佛」則令人易

---

[13] 大正9‧42中。

[14] 吳汝鈞《法華玄義的哲學與綱領》，頁260：「佛自無量劫以來，早已得覺悟
而證法身；這法身是永恆不滅的精神主體，這便是本。佛在伽耶樹下成道，
則是這作為精神主體的法身示現，將取應身或變化身在世間遊化，則是迹。
迹是本之迹，本是迹之本。這兩者是不能離。」（台北：文津出版社，2002
年）。

明，因佛久遠已證法身（本），今再以釋迦身亦是行教化之事（迹），則於「佛」而言，「本迹」之關係終是相契合。然若將「本迹」之關係，放之於「眾生」則令人產生疑惑，因一切眾生之「本願」皆已得證無上正等正覺，此為眾生之「本」，然眾生之「迹」，卻無法依此「本」已得證之正等正覺，且應於「迹」中亦為正知、正見、正行；令眾生之「迹」卻多煩惱雜染，流浪生死，眾生之「本迹」關係，確無法如「佛」之「本迹」是相應契的。如是之眾生疑惑，《法華經》以「諸法實相」而為說明，「諸法實相」為「佛所成就」，是「難解之法」，是「唯佛與佛乃能究盡」之，《法華經》以「十如是」而釋「諸法實相」，實則所謂「諸法實相」，即是一切事物之原本面貌，[15]若依此而論眾生之「原本面貌」，今「迹」之眾生，雖現生老病死，此亦是眾生之「諸法實相」，然以眾生之「迹」而言，一切之示現終必成空，故依「迹」而言，確然是「諸法實相」；惟「迹」終返歸「本」，故依「本」而言，亦是「諸法實相」，以此而觀，則《法華經》終又論「唯一佛乘」與「諸法實相」（實相亦為無相，無相即是實相），《法華經》雖言「佛壽無量」，然依「本」、依「諸法實相」，則眾生亦必是「壽命無量」。

三、如來之囑累與勸持

歷來於經典之分判上，特以中國之兩大宗：天台宗與華嚴宗

---

[15] 鎌田茂雄著，轉瑜譯《天台思想入門》，頁 19-20：「自然的實情，就是諸法的真貌，諸法的實相。」「萬物要是如法，就是諸法的實相。」「據實地看，就是諸法的實相。」「人的一生從出生到死亡，生老病死，一切無非都是諸法的實相。」「原原本本的面貌就是實相，就是妙法。妙法表現出宇宙森羅萬象的一切。」（高雄：佛光出版社，1989 年）。

爲例，前者尊《法華經》，後者崇《華嚴經》，此兩經典之最大差
異點是：稱《法華經》爲「性具」（性善惡具），故成佛必包含「十
法界」而共成之；稱《華嚴經》爲「性起」（依佛性而起），是以
佛之「始成正覺境界」爲一核心，以是觀一切法界亦皆是佛之境
界。不論兩經典之差異爲何，於佛法之傳播流佈上，任何經典、
任何法門，皆爲「佛」之付囑流通，此則無有差異。然《法華經》
在以「會三歸一」上，其所攝是「圓」；在「開權顯實」上，其所
宗是「諸法實相」；並以「開迹顯本」，以明一切眾生之「成佛」
有必然之保證，此爲《法華經》之「性格」終判爲「圓」之關鍵。
據《法華宗要》「辨經宗者」所言：「此經正以廣大甚深一乘實相
爲所詮宗。」又云：「總說雖然，於中分別者，一乘實相略說有二。
謂能乘人及所乘法。……」[16]《法華經》以開「一乘實相」爲宗
要，然所謂「一乘實相」是「總說」，換言之，《法華經》之「顯
實」、「顯本」並非是孤立而論之，是必包含「開權」與「開迹」，
既不單論「實」與「本」（依佛意，「實」、「本」是不落言說、是
究竟法），故必有開示之「人」與所開之「法」，正因有「人」、有
「法」，才能開顯「一乘實相」，故所謂「實相」之「實」，雖是一
「總說」，但其間卻又有甚細微之分判，據《法華宗要》之論述「人」
與「法」以表列如下：

　　壹、能乘人：　　此經所說一乘人者，三乘行人，四種聲聞，
　　　　　　　　　　三界所有四生眾生，並是能乘一佛乘人，皆
　　　　　　　　　　爲佛子，悉是菩薩，以皆有佛性，當紹佛位
　　　　　　　　　　故。乃至無性有情亦當作佛故。

---

[16] 新羅・元曉《法華宗要》，大正34・871上。

貳、所乘法： 1. 一乘理： 謂一法界，亦名法身，名如來藏。《金光明經》言：「法界無分別，是故無異乘。爲度眾生故，分別說三乘。」

2. 一乘教： 十方三世一切諸佛，從初成道乃至涅槃，其間所說一切言教，莫不令至一切智地，是故皆名爲一乘教。

3. 一乘因： (1)性因： 一切眾生所有佛性爲三身果而作因故。依此經意而說趣寂二乘、無性有情皆有佛性，悉當作佛。

(2)作因： 若聖若凡，內道外道，道分福分，一切善根，莫不同至無上菩提。

4. 一乘果： (1)本有果：謂法佛菩提。

(2)始有果：謂餘二身。[17]

　　《法華經》總論「唯有一佛乘」，此是依「究極」而論之，依「迹」、依「權」而言，則一切法界眾生「並是能乘一佛乘人，皆爲佛子」，如是之論點可謂是「大乘佛法」之特色，肯定人人皆有

---

[17] 新羅‧元曉《法華宗要》，大正 34‧871 上-下。另參考尤惠貞《天台性具圓教之研究》，頁 17，（台北：文津出版社，1993 年）。

一「佛性」、「自性」、「如來藏」，此為眾生本具成佛之因子，即使
是落入「四生六道」，此成佛因子亦總不滅失，此為一切眾生必然
成佛之保證，亦可謂是開「人人修、人人成」之「十方成佛」義
之因子，此是於「人」之肯定，故《法華宗要》於論「一乘人」
時，特引《寶雲經》言：「菩薩發心便作是念，一切世界中少智眾
生，愚癡瘖瘂，無涅槃分，不生信心者，□□菩薩之所棄捨，如是
眾生我皆調伏，乃至坐於道場得阿耨菩提。」[18]顯然，《法華經》
雖總論「一乘人」，實則其義包含「無性有情亦當作佛」，即是九
法界之任何一界皆可作佛，故於論「一乘人」之結論是：「斯則無
一眾生而非佛子，所以廣大。此眾生界即涅槃界，不離眾生界有
如來藏故，是謂能乘一佛乘人也。」[19]依《法華經》而言，一切
人皆是「一佛乘人」，此中亦有「一切」（權）與「一」（實）之關
係，故與其說肯定「三乘人」，亦總歸為「一乘人」，此為《法華
經》之特色，不如說是大乘佛法於發展過程中之一「共同特色」，
唯偏重各有不同罷了！

　　上之「人」於「一乘」中有「三乘」之分，於「法」上亦為
如是，將「所乘法」，分為「理、教、因、果」，唯此「四分」其
共同點是「一乘」，言「理」，所重在「遠劫本願」之「無分無別」
上，故「無異乘」，總名「一法界」，唯有「一乘法界」。言「教」，
所重在「近迹教化」之「有分有別」上，故有「所說一切言教」
之淺深不同。言「因」，所重在「本性與作為」之關係上，源於所
「作」之不同，故有聖凡之判。言「果」，所重在「得證」是依「果
體」（圓滿）或「行持」（修十地）之不同。此「理、教、因、果」

---

[18] 大正 34・871 上。
[19] 新羅・元曉《法華宗要》，大正 34・871 上。

之四法，細析有別，總論則皆同指爲「一乘」,「一乘人」依「理」,
名爲「法身」; 依「教」, 同入「智地」; 依「性」,「同至無上菩提,
悉當作佛」; 依「果」,「一切眾生皆修萬行，同得如是? 菩提果,
是謂一乘，一乘果也。」[20]

　　有「人」、有「法」以成「實」，此爲《法華經》說，然既有
「人」, 亦必有依「人」而起「法」, 故於「佛法」而言，實一切
法皆是「佛法」, 既一切法皆爲佛法，然《法華經》又何故特別強
調「三乘」(權) 總歸「一乘」(實)，且一再於經文中論述只有「唯
一佛乘，無二亦無三」, 此於《法華玄義》中有一段「問答」:

> 問：一切法皆佛法，何意簡權取實爲體？
> 答：若開權顯實諸法皆體，若廢權顯實如前所用。
> 問：何故雙用因果爲宗？
> 答：由因致果，果爲因所辨。若從能辨以因爲宗。若從所辨
> 以果爲宗，二義本是相成不得單取。又迹本二文，俱說因果
> 故。[21]

　　依佛教「因緣」觀，一切「法」皆「因緣和合」, 終究成「空」,
故於「一切法」而言，一切法之存在皆是「暫時」性，然此雖是
「暫時性存在」之法，即是一切法之「真實存在」; 依天台智顗「三
諦圓融」理論，一切法皆「暫時」存在過，故曰「假」; 既爲「假」,
故終爲是「空」; 然此現象即是一切法之真實面貌，故是「中」;
此「假」、空」、「中」是同時完成，是一切法真實呈現之過程。以

---

[20] 新羅・元曉《法華宗要》, 大正 34・872 上。
[21] 隋・智顗《法華玄義》卷 1 上, 大正 33・685 中。

此而論「權」與「實」，則不論「權」或「實」皆是一切法之「呈現」方式；今若為「開權顯實」，則「權」法之呈現有其必要性，而「權」法之呈現亦是依其「原本面目」而存在，故曰「諸法皆體」（本體、實相）；若為「廢權顯實」，則「權」法當為棄捨，故終只留有「唯一佛乘」之「實」法，此亦即為「圓融」之法，因當有一可「廢」時，即無法臻至「圓融」之境，唯在「簡權」而「取實」時，始能達「圓」境，故終以「實法為體」。

以「權實」而論「因果」，則有「因」才能產生「果」，此為「因果」之關係，亦是「此有」（因）故「彼有」（果）之產生過程，故曰「以因為宗」，此為依「能辦」而論之；反之，亦可由果以推因，且於「果」中亦可探明宗旨目標，故亦可曰「以果為宗」，此為依「所辦」而論之；此「能所」、「因果」之關係，皆本為互成，實無法單取「因」或「果」而論之；以「因果」而論之「本迹」其理亦然。《法華經》以總論「唯一佛乘」為宗，而其為後世付囑流通之「核心」亦在此「唯一佛乘」上。

（一）佛之正付、釋付與誠付

《法華經》之開演，是欲令一切眾生還諸本願得證阿耨多羅三藐三菩提，如是之大法，佛今日之演說，不僅為當世獲益，亦盼學人護持以傳佈將來。佛法之傳佈，佛為「付囑者」，學人為「甘心領受者」，惟《法華經》之傳佈流通必不同於其他諸經。《法華經》有〈囑累品〉，對於「囑累」二字智顗釋為：「囑是頂受所囑，累是甘而弗勞，此從菩薩敬順得名，故言囑累。囑是如來金口所

囑,累是菩薩丹心頂荷。此從授受合論,故言囑累品也。」[22]法華之「囑累」,重要主角有二:一為佛,一為菩薩,此亦已然彰明:法華為佛所宣說,亦唯菩薩堪領傳佈之責。今觀〈囑累品〉佛之傳付約有三方面:

1. 佛之正付:

據〈囑累品〉所云:

> 爾時釋迦牟尼佛,從法座起,現大神力,以右手摩無量菩薩摩訶薩頂,而作是言:我於無量百千萬億阿僧祇劫,修習是難得阿耨多羅三藐三菩提法,今以付囑汝等,汝等應當一心流布此法,廣令增益,如是三摩諸菩薩摩訶薩頂。而作是言,我於無量百千萬億阿僧祇劫,修習是難得阿耨多羅三藐三菩提法,今以付囑汝等,汝等當受持讀誦廣宣此法,令一切眾生普得聞知。[23]

佛於《法華經》中所言之付囑是於無量億阿僧祇劫所修而來,而此法即是「難得阿耨多羅三藐三菩提法」,換言之,無上正覺法實非只有《法華經》說,實無量劫中諸佛早已說;今佛特「三摩頂」以示慎重而付囑菩薩,佛所付菩薩之要有二:一為一心流布,一為廣令增益;「一心」是予菩薩之要求,當致力於正等菩提法之弘宣,不可再尋求他法;而「廣令增益」之對象是「大眾」,務使眾生能於無上正等法中有所增益。佛之正付唯有「阿耨多羅三藐三菩提」一法,此即是法華之要義,亦是無量諸佛之本懷,而法

---

[22] 隋·智顗《法華文句》卷10下〈釋囑累品〉,大正34·142中。
[23] 大正9·52下。

華之所論實亦一切諸佛之正付。

2. 佛之釋付：

佛之「正付」唯「阿耨多羅三藐三菩提」，此難得之法，佛之付囑非僅授之於少數人，佛之付囑目標在「令一切眾生普得聞知」，以「難得之法」佛為何欲將其令眾生普得聞知，佛之「釋」如下：

> 如來有大慈悲，無諸慳悋，亦無所畏，能與眾生佛之智慧、如來智慧、自然智慧，如來是一切眾生之大施主，汝等亦應隨學如來之法，勿生慳悋。[24]

依佛之「付囑」而論，禪宗所載之「拈花微笑」，世尊將法付囑予「摩訶迦葉」，令其傳佈將來，如是之「付囑」是「祖位」承繼之認可。而《法華經》之「付囑」，是三乘皆可得證佛乘，依法華之論，諸佛一切之所論，只有「唯一佛乘」，實「無二亦無三」，故於眾生而言，是本具「阿耨多羅三藐三菩提」。佛於《法華經》中之付囑，是予眾生普得聞知本具本願之無上菩提，於眾生而言，「無上菩提」本不缺漏，唯眾生尚待「指點」，此即是佛為何付囑無量菩薩們務必尚盡「廣宣」之責，並要弟子們隨如來之大慈悲，大施法雨，勿生慳悋，此為佛付囑弘揚者應有之心態。眾生本具如來智慧之種子，其質與如來無異，而眾生是否能醒悟，還諸其本質，則菩薩教化之態度與方法，則成一重要關鍵，以致佛於「正付」後，尚有一「釋付」之說明。

---

[24] 大正 9．52 下。

3. 佛之誡付：

佛之「正付」，是佛法終極目標之全面弘宣；佛之「釋付」是佛予菩薩眾之教化指導，如此皆可看出佛欲弘宣法華妙旨之心切。唯無上甚深妙法，有不堪受之者，菩薩於教化中又將如何自處？此即爲佛之「誡付」，如〈囑累品〉所云：

> 於未來世，若有善男子、善女人，信如來智慧者，當爲演說此《法華經》，使得聞知，爲令其人得佛慧故。若有眾生不信受者，當於如來餘深法中，示教利喜。汝等若能如是，則爲已報諸佛之恩。[25]

法華之無上正等菩提，是佛欲令諸菩薩傳布於眾生普得聞知，此爲如來之付囑與菩薩之領受，然「眾生」是否能得受，則又爲另一問題，以至佛之「誡付」正爲「眾生」而然。佛之宣法有深淺之別，此是因眾生之根器而異，實並非「法」本身有高低之分，依法華之論，佛唯弘宣一法，即阿耨多羅三藐三菩提，然眾生若堪受大法，則《法華經》之妙義，必爲其能契入；若不信受者，亦必採善巧方便，而使其漸次契入。智顗有論：「若根深智利，直說佛慧。若不堪者，於餘深法中示教利喜。佛慧是深而非餘，六方便是餘而非深，別教次第是餘亦是深。汝能以餘深，助申佛慧者，即善巧報佛之恩。」[26]今觀《法華經》之「付囑」，有「正付」、「釋付」與「誡付」，此三部份分別以「佛」、「菩薩」與「眾生」爲立基點，佛以阿耨多羅三藐三菩提爲正付；菩薩以大

---

[25] 大正 9・52 下。
[26] 隋・智顗《法華文句》卷 10 下〈釋囑累品〉，大正 34・142 下。

慈悲心態而弘宣務令眾生普得聞知；而一切眾生亦終將在各種善巧中而信受法華大法。《法華經》之「付囑」，終不離「三乘歸一乘」之宗旨，以佛之正付而言，唯然只有「一乘」；而佛之「釋付」與「誡付」，正是三乘法門善巧之施予。佛於《法華經》之「教化」方式中，是肯定「次第」的，唯不論是信如來智慧者，或「當於如來餘深法中，示教利喜」，其目標唯然只有終可得證難得無上之法，此為法華之妙旨，而法華之所以能讚為「圓」，亦正因其不廢「三」又能顯「一」。

（二）由他方國土而娑婆世界之勸持

佛曾以「釋迦牟尼」身而示現娑婆世界，並於此中而出生、成道、轉法輪與入涅槃。雖言「佛」之壽量無窮盡，佛實未曾滅度，佛亦於他方國土而繼續教化眾生，無有疲厭，然以娑婆世間之「人身」，則必僅住一世，亦終必入滅，故僅以「娑婆世界」而論，佛於滅度後，《法華經》之究竟「圓說」當如何繼續傳揚下去，此為佛之「慮」，唯佛弟子所欲弘揚此《法華經》之所在，皆以他方國土為目標，而不願於娑婆國土廣演是經，其因何在？據〈勸持品〉所云：

> （眾菩薩及眷屬俱）皆於佛前作是誓言：唯願世尊不以為慮。我等於佛滅後，當奉持、讀、誦、說此經典。後惡世眾生，善根轉少，多增上慢，貪利供養，增不善根，遠離解脫，難可教化。我等當起大忍力，讀誦此經，持說書寫，種種供養，不惜身命。

五百阿羅漢：世尊！我等亦自誓願，於異國土廣說此經。

復有學、無學八千人：世尊！我等亦當於他國土廣說此經。所以者何？是娑婆國中，人多弊惡，懷增上慢，功德淺薄，瞋濁諂曲，心不實故。

諸比丘尼白佛言：世尊！我等亦能於他方國土，廣宣此經。時諸菩薩敬順佛意，拜欲自滿本願，便於佛前作師子吼，而發誓言：世尊！我等於如來滅後，周旋往返十方世界，能令眾生書寫此經，受持、讀、誦、解說其義，如法修行正憶念，皆是佛之威力。唯願世尊，在於他方遙見守護。[27]

　　《法華經》之旨已甚明朗，實所謂「法華妙旨」，即是「佛之本懷」，一切學人欲取證涅槃，皆爲不明佛之本懷與法華要旨，此即是眾弟子以娑婆國人多弊惡，故誓願於他方國土弘宣《法華經》，然當：「世尊視八十萬億那由他諸菩薩摩訶薩，是諸菩薩，皆是阿惟越致（不退轉），轉不退法輪，得諸陀羅尼，即從座起，至於佛前。一心合掌而作是念，若世尊告勅我等，持說此經者，當如佛教，廣宣斯法。復作是念，佛今默然不見告勅，我當云何？」[28]時，顯然佛之「默然」即是「不印可」諸菩薩僅誓願於他方國土廣宣《法華經》而已，故必「周旋往返十方世界」，則此中當必包含娑婆世界，如是才得佛之贊許；足見，佛教化眾生之心量與眼光，當不棄捨任一頑劣之人，因一切眾生之「本願」實與佛無異，此爲《法華經》之所宣說，以是而告諸菩薩欲弘宣《法華經》，亦當不能、不可摒除任何一世界、一眾生，唯能如是才能達致法

27 大正 9・35 下-36 中。
28 《法華經》〈勸持品〉，大正 9・36 中。

華所謂之「圓滿」、「圓教」。

　　整個佛法於流佈過程中，「分宗別派」代表佛法義之各別受尊崇，其中雖有「相爭」之事，但亦可見佛法義所包括之層面甚廣，然彼此之差異亦不小。此中「淨土宗」是大乘之一重要法門，所謂「淨土」即為佛所居之地，淨土法門在強調有一「淨土樂園」，佛以其願力而成就其「淨土」，諸佛各依「願力」之不同，故所成就之「淨土」內涵、特質亦皆各有不同，然大抵相同的是，「淨土」是一至真、至善、至美之地，與娑婆世間相比更顯其清淨、莊嚴與殊勝，亦正因人世之紛爭、煩惱不斷，「淨土」則成為修證所嚮往之樂園，而「淨土宗」特強調「一心不亂持念佛號」，可依憑佛之願力而往生其國土，此為淨土宗之義旨。今觀《法華經》中諸菩薩亦皆自誓願於「異國土」廣佈法義，此亦可謂是「淨土」之心態。「淨土宗」雖廣受歡迎，然以「圓教」之立場，捨一（娑婆）而往一（淨土），於一捨、一往之間即有對待，既有對待則無法稱其為「圓」，故依《法華經》之立場，娑婆世人雖「多弊惡」，但諸菩薩為「自滿本願」，依「本願」則一切眾生本皆是佛，「弊惡」只是一時之迷障，故一切眾生皆堪教化，於此之由，法華會中之菩薩眾，由欲捨娑婆世人，而自誓「於如來滅後，周旋往返十方世界」，既是「十方世界」，則娑婆必包括其間，此即是《法華經》之所以「圓」之立場，必能涵括由「他方國土」而「娑婆世界」。

結　論

　　《法華經》爲天台宗所特尊崇，而「天台宗」所代表之意義是「中國佛學」，此乃因「天台」之思想，已不完全循印度之軌轍，而是已融入中國人之心態與思想。以釋尊一生住世八十年而言，其所宣揚之經典究竟孰爲真正「佛」說？此爲後世之爭論點，故有「大乘非佛說」之看法提出。於眾佛經中，特以《阿含經》爲「傳來之聖典」，是最近於佛說，此爲大部份學人所共承認，然釋尊之「法」，爲「弘揚」則必廣傳，而「廣傳」則必觸及不同之國土與民情，而「佛法」是否能爲當地之人所肯定，則佛法必要在某一部份能補其原思想之不足，且又能與當是時之思想有某些融合，此爲「佛教」欲求發展之必然現象。《法華經》之性格，與近於「佛說」之《阿含經》有甚大之差距，因《阿含經》中所論之「無常、苦、無我（空）」之主旨，於《法華經》是甚少言之，然如是之義旨方向，是否亦意謂《法華經》「去佛久遠」，故並非佛說？於釋尊而言，一生所言之法「如爪之塵」，而尚未言及之法則「如地上土」，且以釋尊「四十九年未曾言一字」而論，「法」義是否能宣說多少，恐並非釋尊真正之用意，依釋尊之意，所謂「法」實已存於宇宙中，唯能「自覺悟」者即爲「覺者」，而此「覺悟之性」是釋尊與一切眾生皆等同爲一，而《法華經》之所攝，是包括一切之聲聞與菩薩眾等，簡言之，《法華經》之論「唯一佛乘」義，實與釋尊之本懷是爲相合。

　　《法華經》之特殊處，正在於能「融」而「圓」，所謂「融」

是將佛於前所言之一切法皆可同攝入為「一」，而此「一」正是佛法之究極，亦即一切眾生依「本願」皆是得證阿耨多羅三藐三菩提，此「無上正覺」是佛之「自覺如來」所呈顯，而《法華經》一再以「本願」而強調一切眾生皆本「一佛乘」，故所謂「自覺如來」是一切眾生本具之德相，與佛無異。在「本願」之架構下，則確然只有「佛」實無眾生，惟於現實之世間，眾生有「惑業苦」，依「苦」而欲尋解脫之道，故有不同之「修行道」，且在不同「種類」之下，眾生於取證之道上因於眼光與願力之故，則有不同之思惟與目標，且在各依所好之下，則所謂之「目標」，是否確為佛之最究極，則因於己見之執，以佛之究極而言，若於「中途」即止憩，此於佛言，則為「但樂小法」；然學人產生但樂小法之因，此中除學人之根器外，亦有來自佛設「權」法之若干因素所致。而《法華經》之殊妙在顯「不可思議」，故以「妙」而為經名，且以「蓮」之「華」與「果」是一體為喻，此乃為說明：《法華經》既為統攝前之一切經論，故必正面肯定佛開設「權」法是「必需之因」，而此「必需之因」，正是為說明一切諸經皆有其存在之價值。《法華經》雖標為「圓」說、「實」說，但卻不廢捨諸經，惟於統整諸經上，又必呈顯「唯有一佛乘」，此正為說明顯「實」是「必然之果」，《法華經》之稱「妙」，其理正在此：「權實」看似為二，然如以「蓮華」為喻，又實然為「一」，此「一」即「不可思議」之「妙」。

　　以釋尊之立場而言，為弘法利生故，則「度眾」當為第一重要；又為「度眾」故，則如何「因人施法」更是主要之關鍵點。天台宗於判教論中，首開「華嚴時」，但以「法華時」為「圓教」，此「判教」之內容與思緒，即在說明「權法」施設之必然性，因

「頓」法只能攝受某些部份之人，同理「小」法亦有其所攝之限制，「判教」雖有各宗所依據之經典理論之不同，但皆肯定佛因「人」而有施「法」之善巧權變，此則為同，換言之，佛設「權法」是為各宗所肯定，此亦實為度眾之必需之方法。然於佛而言，如何引領眾生得證「正等菩提」，此為佛之真正本懷，而此本懷實亦一切眾生之本願，故依眾生之「本願」，再加佛之本懷，一切眾生亦必然以得證「正等菩提」為真正之目標，此於「佛」與「眾生」而言皆本無有疑慮。唯佛為應眾生之機，言涅槃、取滅度亦皆是「權法」之施設，於「佛」而言，「遠劫」早已成佛，故其「壽命無量」，實未曾涅槃取證滅度，而今示現「釋迦身」實亦只是一「近迹」之相；以「近迹」而言僅住世八十年，並示現涅槃、滅度，且佛於開法上，亦設「二涅槃」，惟此等法，於佛而言皆是「權法」之巧施罷了！今釋尊於印度確然示「近迹」之相，實亦可言：此八十年之生命歷程，皆是「權法」之施設，所言之法亦皆是「權法」，唯待眾生能究竟成佛，才能入佛知見而真正證悟「遠劫本願」之「正等菩提」，並究竟諸法實相。佛施權法其意在「遠」，此為佛之本懷；然眾生因權法而陷溺權法，此為眾生之知見；反之，眾生能因權法而悟證「本願」，此為眾生已入佛知見，故關鍵在眾生身上而非施設權法之問題。

　　《法華經》一再強調本經唯論一佛乘與實相，然一切法之究竟「實相」又是為何？且此「實相」唯佛與佛始能窮究之，因此，「實相」當如何釋之？視之？則甚為重要。依理，「實相」為事物真實之呈現，然依佛法而論，一切事物皆因緣和合為「假」，故終究成「空」，而如是之過程即是一切事物存在之「真理」，故又曰「中」，此「中」即代表事物之「實相」。若依「空」、「假」、「中」

之理而論「實相」，則「實相」只是代表「呈現」，而事物之「呈現」樣貌，亦皆是一時而已；當然，亦可視事物之每一存在皆是「永恆」的，此即如僧肇大師之〈物不遷論〉，肯定事物之當下存在即是永恆，故「萬物」在「是住一世」之當下，是永不遷流而變化的；唯事物既以「相」而「呈現」，則必在時、空間中，既有「時、空間」之存在，則必有遷流變化，此為事物既為「相」，則必有毀有滅。而今《法華經》特以「開權」而「顯實」，則「權」法即相應於事物所呈現之「相」，皆是暫時之權設，故知《法華經》所謂之「實相」義，無法僅以單面之事物呈現為論；且依《法華經》義旨，「實」非單面義，必是能「融權實」始可謂「實」；換言之，於法華義旨而言，有一方之去捨，即不為「實」，故需在「實不廢權」之「圓融」下，始可謂之「實相」，因此，在如是架構之下，《法華經》雖以論「實相」為經旨大義，但全部經文卻又不廢譬喻權法之敷陳敘述，故唯有以「全」、「圓」、「融」之態度，才能明《法華經》之「實」義。

　　《法華經》總論「唯一佛乘」，但此乃立基於遠劫本願，亦唯立於此基點上，則一切眾生才能在「憶念本願」上而皆本得證無上正等正覺，亦才能在近迹之修持中不為權法所障，而通向究竟佛道。「成佛」雖是「本願」已然如是，但佛教終極目標之達成，需憑「修證」而臻至，此亦展現佛教重實證之故，正因重實證歷程，故佛門之各宗派各皆有其一套之修證方法。今《法華經》雖以開示悟入佛之知見為目標，雖亦以「本願」、「實法」為重要論說，但佛果之成，其間當用之心力亦為《法華經》所敷陳。法華經》在一方面為顯「佛果」之殊妙，為顯「本願」之不可思議，故特彰顯不依次第「妙因妙果」之「因果俱樂」之真正「安樂行」，

在此「安樂行」下，修證已非一階、一地行持之，此爲前諸經之所論，而《法華經》特以「蓮華」爲喻，以顯《法華經》之修持是立於「本願實成」上，故「華、果」是同俱，一切眾生皆是依「本願」即得證「佛果」，此爲《法華經》與諸經之不同處。然《法華經》另一方面亦爲攝受三乘學人，故亦見各種修行方法散述於各品中，此中涵括之各種修行方法甚廣，此亦足見《法華經》之一貫立場，是爲開權（各種修行方法）顯實（因果俱妙之安樂行）而設。《法華經》是「融」之態度，可於其「修行論」中見之，於「次第修行」中，終必歸入本願之「安樂行」，此正是《法華經》被讚爲「妙」之源由。

《法華經》之點是融三乘爲一乘，其態度雖爲「融」，但所謂「融」，除有相融爲「一乘」之義外，所謂「融」亦有「涵攝」之意義，此爲《法華經》之態度，故雖顯「一乘」，但於「三乘」法亦必攝受廣納，故於「佛果」之實」有明確之論述外，另於修證之「因地」亦多敷陳，此即表現在《法華經》中有關「菩薩」之修證特德上，此亦在讚美諸菩薩之願力。於《法華經》中，諸菩薩之行持願力各有不同，但最具代表性者爲：觀世音菩薩與普賢普薩，此二菩薩之名號與特德，與中土百姓有甚大之因緣，民間信仰者廣；而此二菩薩，一表「大悲」，一表「大行」，此「悲」與「行」正是菩薩修證之重要依據。悲心之興發是源動力，於苦難眾生思救度，才能深具願力而拔濟之，故觀世音菩薩特以「救苦救難」而稱之；「悲心」是源動力，但如何實際予眾生幫助，則有賴「大行」之行持力，「行」並非一時之感觸，更非短暫之興起而已，於眾生之救度上，要能真誠不退轉行持力，始可謂之「大行」。《法華經》於修行上，一方面表彰最高妙之「安樂行」，但又

論觀音之悲與普賢之行，以顯《法華經》之修證並非空中建樓閣，而是需如菩薩之修持體證，要一步一腳印，此是《法華經》雖以「遠劫成佛道」為立論基點，但終肯定「近迹」之修證工夫，亦唯有此近迹修證，才有歸入「本願」之可待，而非於此生空待「本願」之成而已，亦唯有如此，才能使《法華經》之「本願」內涵呈顯踏實圓善。

　　釋尊以「釋迦牟尼」而示現人間，其一生歷程與常人無異，然其「法身」（法義、身行典範等）終為不朽，此與凡夫不同。釋尊之示現，於人間之意義是「人」可修證成「佛」，此中之修證歷程，釋尊與常人無異，既不會飛天，更不能鑽地，只是費盡心血，行持教化眾生，欲令法界一切眾生，個個皆能成佛道，此為釋尊一生所留下之行誼榜樣。然釋尊之所成，其主要在其「心之境界」，其色身與凡夫一樣，皆終歸塵土，但其「心境」之「領境」，才是眾生所欲探究之地。於此「心境」之探究上，凡夫無法臆測佛境，故總曰「不可思議」，而為顯「佛」之不同凡響，故有「神通」之示現，此為佛經之特色，《法華經》在佛典之大氣圍之下，若捨神通而不論之，於《法華經》是不夠圓滿的。於神通之示現中，佛之說法是可遍至無量無邊之法界，且在佛之威光照耀下，「佛」儼然是一精神最高之象徵意義，眾生在此威德之光感召下，能轉惑為明，捨迷為悟，此看似神通之敷陳，實則是佛法義具有之信願力。且由佛而菩薩，菩薩為救度眾生，亦以神通力而攝受眾生，《法華經》於神通示現上雖一如諸經般，但《法華經》是以「三乘」終可歸入「本願」為論，故必由菩薩再論凡夫之神通，唯所謂眾生之神力，即是「信、願、行、證」之歷程，若捨眾生「自我神力」之部份，則神通只是展現佛、菩薩之殊勝外，於眾生而言除

嚮往、欣羨、讚嘆外，恐只是一種華飾而已，亦唯有眾生能具「行持力」，依此行持力而產生「不可思議境」，此即是眾生自我之神力。

　　於佛門中，以「佛」為最高之得證者，且為顯佛之殊勝與難得，故於佛之「相」莊嚴總稱為三十二相、八十種好，而如是「相、好」需依「功德」而成就之；又以佛之十大弟子為論，亦一一以不同功德（頭陀、智慧、解空、神通、天眼、密行、持律、說法、論議、多聞等）而為名，如是皆見佛門強調「修證」需以功德成就為憑。惟所謂「功德」說，至《壇經》中已特標明「功德與修福」為別，且依《壇經》所論之「功德」是：「見性是功，平等是德。」又云：「功德須自性內見，不是布施供養之所求也。」[1]顯然「功德」是以「內」（見性平等）為主，而非著於「外」（布施行善）而已。然不論諸經於功德上之論說有何差異，佛門強調依「修證」之嚴淨，必有其相應之「相、好」出現，此確為佛法所肯定的。強調功德除可彰顯「修證」於佛門中之重要性外，實亦表明所謂「修行」並非毫無目標，而是以得證無上正等正覺為「果」。《法華經》於「功德」之論說上，立基於「因果俱妙」上，其所謂功德之「果」，必當如佛功德之成就，總言三千威儀、八萬四千細行皆當成就之；以「果」與「因」為同證之立論上，故依「本願」則一切眾生本具足一切功德，此即是稱法華為「妙」之所在。然法華之「妙」且在不廢捨「近迹」上，故三乘學人各有其不同之修證功德，以是於《法華經》之品名中，有「分別功德」、「隨喜功德」與「法師功德」，惟如是「功德」之論列，其終究目

---

[1] 元・宗寶《六祖大師法寶壇經》〈疑問品〉，大正 48・352 上。

的在顯佛功德之成，雖看難以臻至，但在「本願」爲立基上，一切眾生終究可達成之，因「本具足一切功德」實爲眾生本來之面貌。

「佛」是依「功德」而實成，且據《法華經》所論佛之壽量是「甚大久遠」，佛既是壽量無限，則佛之功德實無人能盡說之，雖不能盡數佛功德，然得證「佛果」是論述佛功德最重要之目的。惟佛果之得證，是否可預期，此則攸關學人修證之意志與願力，若佛果之得證是遙不可及且無預期可待，則易使於修證之路上退轉，以是佛設「二涅槃」之說，此即法華所謂「化城」之喻。同理，得證之預記，將使學人於修證上充滿信心，知當未來世必然成佛，此即佛法之「授記」說。言功德、言授記，皆是佛經之特色，唯法華之立場不同於諸經，其立場是涵括爲「圓」，故於功德上，言分別，亦總言佛之圓德與眾生本具足一切功德；於授記上，佛一一分別爲聲聞弟子授記，亦立於法性平等而爲行逆者、非人等授記，此乃法華之妙處。法華之授記可總言是天台宗所讚論之「即九法界而成佛」，亦即在法華圓教之授記下，一切眾生皆可授記爲佛；於九法界而言，每一眾生所處之法界，皆是其成佛之功德依據，簡言之，現今學人所處之娑婆世間，即是其未來成佛之所在，換言之，一一眾生皆可在其法界中而成佛，不論是地獄、餓鬼或畜生道皆然。如是之理論背景，顯然是佛學發展至一成熟期之產物，一切皆在向「圓」之方向靠攏：一一學人皆可授記成佛，於無量法界中可同時有無量數之成佛者，此是圓教之精神，亦是《法華經》言授記之妙處，其妙義除爲彰顯佛法義以「圓」爲最終之目標外，更是對法界一切眾生平等看待之心態。

《法華經》總論「唯一佛乘」，亦分論「三乘」，前者即爲展

「佛乘之果」，後者則爲「修學階次」，此兩者於《法華經》中有甚圓滿之結合，此即是「會三乘歸一乘」之說，故依《法華經》之圓教義而言，「佛乘之果」才是立論最根本之處。爲論「佛乘之果」，於《法華經》中有言「如來之神力」與「如來之壽量」爲品名者，惟法華之特色正在「三乘同歸一乘」上，故言如來之果德，除彰顯佛之殊勝功德外，其最重要之目的是爲度三乘學人。於如來顯現神力上，是爲使眾生心生欣羨而欲隨佛修學；言如來之壽量其目的有二：一言如來壽量甚大久遠，永不滅度，此是得證之佛德；二言釋迦身僅住一世，此爲使眾生知佛住世之寶貴而積極修學，以是之故，而言佛取證滅度，足見，《法華經》中所言佛乘之果，正爲度眾而已，此爲「佛」之目的，亦是《法華經》之目的，亦可言是一切諸經之目的。惟《法華經》於付囑流通上，其立場是圓教義，故強調於一切十方國土中必皆弘揚之，此中當包含娑婆國土，而不僅以住淨界爲樂，故於勸持上，如何利益娑婆世間、三乘學人或自以爲小乘者，此於《法華經》中，是佛爲度眾之最着力處。《法華經》於總體而言，爲使一切眾生終明「本願實成」之立論主旨，故所陳述之一切開權譬說、修行、神通、功德，以至授記與論佛乘之果等，其目的只有一：期盼一切眾生能一心讀誦、演說、修行《法華經》，足見不論圓教之立場如何與諸宗不同，若廢修證之行，於佛法而言皆是幻化，此爲諸宗所肯定，亦是法華之究極立意。

參考書目

壹、《大正新修大藏經》1996 年，台北：新文豐出版公司。

《中阿含經》	東晉・瞿曇僧伽提婆譯	第 01 冊。
《長阿含經》	後秦・佛陀耶舍共竺佛念譯	第 01 冊。
《增一阿含經》	東晉・瞿曇僧伽提婆譯	第 02 冊。
《雜阿含經》	劉宋・求那跋陀羅譯	第 02 冊。
《金剛般若波羅蜜經》	後秦・鳩摩羅什譯	第 08 冊。
《大方廣佛華嚴經》	東晉・佛馱跋陀羅譯	第 09 冊。
《佛說觀普賢菩薩行法經》	劉宋・曇無蜜多譯	第 09 冊。
《大方廣佛華嚴經》	唐・般若譯	第 10 冊。
《大方廣佛華嚴經》	唐・實叉難陀譯	第 10 冊。
《彌勒菩薩所問本願經》	西晉・竺法護譯	第 12 冊。
《妙華蓮華經優波提舍》	婆藪槃豆釋　後魏・菩提流支共曇林等譯	第 26 冊。
《妙法蓮華經玄義》	隋・智顗	第 33 冊。
《法華玄義釋籤》	唐・湛然	第 33 冊。
《法華經義記》	梁・法雲	第 33 冊。
《妙法蓮華經文句》	隋・智顗	第 34 冊。

《妙法蓮華經玄贊》	唐・窺基	第 34 冊。
《法華文句記》	唐・湛然	第 34 冊。
《法華玄論》	隋・吉藏	第 34 冊。
《法華宗要》	新羅・元曉	第 34 冊。
《法華義疏》	隋・吉藏	第 34 冊。
《法華遊意》	隋・吉藏	第 34 冊。
《華嚴經明法品內立三寶章》	唐・法藏	第 45 冊。
《止觀輔行傳弘決》	唐・湛然	第 46 冊。
《四念處》	隋・智顗	第 46 冊。
《法華三昧懺儀》	隋・智顗	第 46 冊。
《法華經安樂行義》	陳・慧思	第 46 冊。
《修習止觀坐禪法要》	隋・智顗	第 46 冊。
《摩訶止觀》	隋・智顗	第 46 冊。
《六祖大師法寶壇經》	元・宗寶	第 48 冊。
《景德傳燈錄》	宋・道原	第 51 冊。

貳、《卍續藏經》1967 年，台北：中國佛教會（影印《卍續藏經》委員會）印行。

| 《法華經綸貫》 | 明・智旭 | 第 50 冊。 |
| 《五燈會元》 | 宋・普濟 | 第 138 冊。 |

參、近人研究（依作者姓名筆畫排列）

尤惠貞，1993 年，《天台宗性具圓教之研究》，台北：文津出版社。

太　虛，1997 年，《法華經教釋》，台北：佛光文化公司。

平川彰等著，林保堯譯，1998 年，《法華思想》，台北：佛光文化
　　　　　公司。

牟宗三，2003 年，《佛性與般若（上）（下）》，《牟宗三先生全集 3、
　　　　　4》，台北：聯經出版公司。

　　　　2003 年，《中國哲學十九講》，《牟宗三先生全集 29》，台
　　　　　北：聯經出版公司。

安藤俊雄，釋依觀譯，2004 年，《天台思想史》，台北：中華佛教
　　　　　文獻社。

吳汝鈞，2002 年，《法華玄義的哲學與綱領》，台北：文津出版社。

高柏園，2001 年，《禪學與中國佛學》，台北：里仁書局。

張曼濤編，1979 年，《天臺學概論》，收錄於《現代佛教學術叢刊
　　　　　55》，台北：大乘文化出版社。

　　　　1979 年，《天臺宗之判教與發展》，收錄於《現代佛教
　　　　　學術叢刊 56》，台北：大乘文化出版社。

　　　　1979 年，《天臺思想論集》，收錄於《現代佛教學術叢
　　　　　刊 57》，台北：大乘文化出版社。

郭朝順，2004 年，《天臺智顗的詮釋理論》，台北：里仁書局。

新田雅章著，涂玉盞譯，2003 年，《天台哲學入門》，台北：東大
　　　　　圖書公司。

劉貴傑，2005 年，《天台學概論》，台北：文津出版社。

賴傳鑑編著，1994 年，《佛像藝術》，台北：藝術家出版社。

謝世輝，1992 年，《法華經神通力》，台北：武陵出版公司。

鎌田茂雄著，轉瑜譯，1989 年，《天台思想入門》，高雄：佛光出
　　　　版社。

釋素聞，1999 年，《法華經導讀》，台北：全佛文化公司。

肆、期刊論文（依作者姓名筆畫排列）

陳英善，〈從「開權顯實」論法華之妙〉，《中華佛學學報》第 14
　　　　期，頁 293-308，2001 年 9 月。

郭朝順，〈從智顗對《法華經》神變之詮釋論天台哲學之成立〉，《東
　　　　吳哲學學報》第 10 期，頁 93-143，2004 年 8 月。

楊惠南，〈智顗對秦譯《法華經》的判釋〉，《佛學研究中心學報》
　　　　第 2 期，頁 1-24，1997 年 7 月。

釋聖嚴，〈中國佛教以《法華經》為基礎的修行方法〉，《中華佛學
　　　　學報》第 7 期，頁 2-14，1994 年 7 月。

伍、學位論文（依作者姓名筆畫排列）

柯芬玲，2005 年，《妙法蓮華經的授記研究》，國立中正大學中國
　　　　文學研究所碩士論文。

唐偉雄，2001 年，《法華經研究》，香港新亞研究所哲學組碩士論
　　　　文。

黃香蘭，1990 年，《法華經的研究》，香港能仁書院哲學研究所碩
　　　　士論文。

簡秀娥，2003 年，《法華經禪思想之研究》，東海大學中國文學系

博士論文。

蘇昭銘，1996 年，《法華玄贊對法華論種姓思想的繼承與發展》，中國文化大學哲學研究所碩士論文。

論文類 U072

《法華經》之思想內涵

作　　者　胡順萍

發 行 人　林慶彰

總 經 理　梁錦興

總 編 輯　張晏瑞

編 輯 所　萬卷樓圖書股份有限公司

　　　　　臺北市羅斯福路二段 41 號 6 樓之 3

　　　　　電話 (02)23216565

　　　　　傳真 (02)23218698

發　　行　萬卷樓圖書股份有限公司

　　　　　臺北市羅斯福路二段 41 號 6 樓之 3

　　　　　電話 (02)23216565

　　　　　傳真 (02)23218698

　　　　　電郵 SERVICE@WANJUAN.COM.TW

香港經銷　香港聯合書刊物流有限公司

　　　　　電話 (852)21502100

　　　　　傳真 (852)23560735

ISBN 978-957-739-582-5

2020 年 1 月初版四刷

2016 年 12 月初版三刷

2010 年 2 月初版二刷

2007 年 1 月初版一刷

定價：新臺幣 240 元

如何購買本書：

1. **劃撥購書**，請透過以下郵政劃撥帳號：

　　帳號：15624015

　　戶名：萬卷樓圖書股份有限公司

2. **轉帳購書**，請透過以下帳戶

　　合作金庫銀行 古亭分行

　　戶名：萬卷樓圖書股份有限公司

　　帳號：0877717092596

3. **網路購書**，請透過萬卷樓網站

　　網址 WWW.WANJUAN.COM.TW

大量購書，請直接聯繫我們，將有專人為

您服務。客服：(02)23216565 分機 610

如有缺頁、破損或裝訂錯誤，請寄回更換

版權所有·翻印必究

Copyright©2007 by WanJuanLou Books CO., Ltd.

All Rights Reserved　　　　**Printed in Taiwan**

國家圖書館出版品預行編目資料

<<法華經>>之思想內涵 / 胡順萍著. -- 初版. --

臺北市：萬卷樓, 2007

　面；　公分. -- (論文類；72)

參考書目：面

ISBN 978-957-739-582-5(平裝)

1.法華部

　221.5　　　　　　　　　　　96000375